Hugo M. Enomiya-Lassalle
Mein Weg zum ZEN

愛宮眞備

Hugo M. Enomiya-Lassalle

MEIN WEG ZUM ZEN

Herausgegeben von Roland Ropers und Bogdan Snela

Kösel

Mit 80 Bildern und 6 Faksimiles

CIP-Titelaufnahme der Deutschen Bibliothek

Enomiya-Lassalle, Hugo M.:

Mein Weg zum Zen / Hugo M. Enomiya-Lassalle.
Hrsg. von Roland Ropers u. Bogdan Snela. –
München : Kösel, 1988
ISBN 3-466-20301-5

Gesamtherstellung: Kösel, Kempten
Umschlag: Elisabeth Petersen, Glonn, unter Verwendung
eines Fotos von Dr. Ernst Stürmer, Wien
ISBN 3-466-20301-5

Inhalt

Einleitung der Herausgeber

Viele herausragende Zen-Meister haben ein hohes Alter erreicht, allen voran der bedeutende chinesische Meister Chao-chou (jap. Jōshū Jūshin), der von 778–897 gelebt und gewirkt hat. Erst im Alter von 80 Jahren nahm Jōshū Schüler an, nachdem er viele Jahrzehnte unter seinem Meister Nan-ch'üan geübt hatte, und er führte sie auf den Zenweg bis zu seinem Tod im hohen Alter von fast 120 Jahren. Die Lebensgeschichte dieses legendären Meisters zeigt beispielhaft, daß die Erleuchtung – wie die Zen-Meister immer wieder betonen – erst der *Anfang* wahrer Schulung auf dem Weg des Zen ist. Die meisten Zen-Meister sind sehr alt geworden. So auch diejenigen, unter deren Führung der Jesuitenpater Lassalle seit 1943 intensiv geübt hat: Daiun Sōgaku Harada (1870–1961), Hakuun Ryōko Yasutani (1885–1973) und Yamada Kōun (1907–).
In diese Tradition stellt sich auch Pater Enomiya-Lassalle, dem nach fast 40jährigem Üben unter mehreren Zen-Meistern die Anerkennung als erstem christlichem Zen-Meister 1978 ausgesprochen worden ist. Das eigentliche fruchtbare Wirken mit Schülern begann sowohl bei Enomiya-Lassalle wie auch bei Meister Jōshū erst in einem Alter, wo die meisten Menschen sich schon viele Jahre im Ruhestand befinden und an Arbeit gar nicht mehr zu denken wagen. Der nunmehr 90jährige Enomiya-Lassalle führt noch bis zu 32 einwöchigen Zen-Sesshins pro Jahr durch.
So begann das Jubiläums-Jahr 1988 beispielsweise für Enomiya-Lassalle mit einem Zen-Sesshin in seinem eigenen Meditations-Zentrum »Shinmeikutsu«, in der Nähe von Tokio/Japan. Ende Januar folgte eine termingedrängte Meditationsreise: Zen-Sesshins in der Benediktinerabtei Gerleve in Billerbeck/Westfalen, anschließend in der Benediktinerabtei Maria Laach, dann im Internationalen Gralszentrum in Tiltenberg/Holland, in der Trappistenabtei in Zundert/Holland, im Bildungshaus der Jesuiten in Bad Schönbrunn/Schweiz und im Meditationshaus St. Franziskus in Dietfurt/Altmühltal, insgesamt 10 einwöchige Zen-Kurse also. Zwischendurch gibt es Fernsehinterviews und Konferenzen. Von Anfang April bis Mitte Mai geht er zu Zen-Sesshins in Japan und vom 21.–27. Mai zu dem bedeutenden Kongreß »Geist und Natur« in Hannover, anschließend zu 5 aufeinanderfolgenden Zen-Sesshins in Dietfurt, dann erneuter Rückflug nach Japan.

In seinem 90. Lebensjahr führt Enomiya-Lassalle seine Schüler mit wachsender Intensität, insbesondere in der Einzelunterweisung, im Dokusan, wo die Übertragung von Geist zu Geist (jap. ishin-denshin) sehr deutlich zu spüren ist. Die langjährige Erfahrung und die Weisheit des Alters prägen das Wirken des Jesuitenpaters und Zen-Meisters Enomiya-Lassalle. Sein Da-Sein, seine stete Präsenz im Hier-und-Jetzt, seine völlige Hinwendung zum anderen machen ihn zum authentischen Mittler zwischen der wahrnehmbaren und der absoluten Welt, die es als *eins* und *ungeteilt* zu erfahren gilt.

Enomiya-Lassalle hat den größten Teil der Erde bereist und fühlt sich dort, wo er gerade ist, zu Hause. Ohne dieses Gefühl des überall Geborgenseins wäre der ständige Ortswechsel für einen älteren Menschen nicht denkbar. Dies kann nur derjenige bewältigen, der ganz in der Gegenwart lebt und wirkt, wobei er in allem, was er tut, immer präsent und ungeteilt da ist. Der strenge Weg der Zen-Meditation verlangt die totale Hingabe und Konzentration, das völlige Loslassen bzw. Sich-lösen-Können. Dies ist der große lebenslange Weg, den Enomiya-Lassalle pionierhaft vorgezeichnet hat und auf dem seine vielen Schüler heute gesichert und vertrauensvoll gehen können.

Die in diesem Buch zusammengestellten autobiographischen Texte und Dokumente sowie Zeugnisse von Weggefährten Enomiya-Lassalles bekunden ein ungewöhnliches Leben, das sich intuitiv-zielgerichtet auf die große Erfahrung von Einswerdung mit dem Absoluten und Mit-sich-Einssein hin bewegt hat. Der lange Weg Hugo Lassalles zum Zen hat viele Stationen, die scheinbar mit dem Zen nichts zu tun haben. Dies ist zunächst die Geborgenheit »im Schoß der Familie«, die den Nährboden für die Entwicklung eines ganz normalen, lebensfrohen und realitätsnahen Menschen bildete und dessen Wurzeln sich bis ins hohe Alter verzweigen. Aber es ist auch die schreckliche, am eigenen Leibe erlebte Erfahrung der beiden Weltkriege, wobei aus einem zunächst naiven Frontkämpfer ein entschlossener Friedenskämpfer wird: Der Schreck eines verwundeten 19jährigen Abiturienten, der in seinem Abituraufsatz nüchtern die Werkzeuge der Vernichtung beschreibt, wirkt wie eine dramatische Präludie zur atomaren Verwundung in Hiroshima, woraus die unbeirrbare Entschlossenheit zur kompromißlosen Friedensarbeit mit dem Symbol der Friedenskirche in Hiroshima resultiert. Dazwischen stehen schon als verbindende und motivierende Kraft die ersten Zen-Erfahrungen Lassalles. Dies ist wiederum der ungewöhnliche Anfang des jungen Jesuitenpaters mit seiner Missionsarbeit in Japan: kein Versuch, die Japaner zu europäisieren, sondern die ehrliche Mühe, sie zutiefst kennenzulernen, ihr Schicksal im schwächsten Glied der sozialen Kette mit den ärmsten Slumbewohnern zu teilen, die japanische Kultur und deren Mitte, das Zen zu wagen: als Ausgangspunkt, um sich von der Kultur des fremden Volkes durchdringen zu lassen. Der japanische Name Makibi Enomiya ist somit keine äußerliche Zugabe zu Hugo Lassalle, sondern Ausdruck einer neuen *conditio humana*, in der das Europäische und das Fernöstliche, das Christliche und Übergreifend-Religiöse des Zen eine innere Verbindung eingehen.

Lassalles Berührungen mit Zen kann man von diesem vielfältigen Kontext nicht trennen. Daß er einen neuen Typus des Zen-Meisters mit wohlwollender und für sein Christsein verständnisvoller Hilfe seiner Zen-Meister »kreiert« und damit ein Modell für weitere westliche Zen-Lehrer »entworfen« hat, verdanken wir seinem unbeirrbaren Festhalten an der eigenen Tradition des Westens und des Christentums – verbunden mit einer grenzen- und voraussetzungslosen Aufmerksamkeit und Offenheit für das genuin Östliche. Die größte Entdeckung Enomiya-Lassalles ist die Feststellung einer verblüffenden Ähnlichkeit und Verträglichkeit der beiden Mystiken in Ost und West, aber zugleich der Respekt vor ganz neuen anderen körperlich-spirituellen Praktiken und Wegen des Zen, die einem Christen ganz neue Welten auftun, die dann in die eigene Tradition, wo sie auch latent vorhanden sind, integriert werden. Viele verstehen die Genialität dieser Entdeckung bis heute noch nicht und trennen zwischen der Zen-Praxis und dem christlichen Erbe. Beispiel und Wort seiner durch und durch lauteren Person ermutigen diejenigen, die ihrem christlichen Glauben treu bleiben wollen, diesen Weg zu einer tieferen Glaubenserfahrung zu gehen und entheben sie aller Gewissensnot. Zen für Christen möglich gemacht zu haben, das ist sein Werk und seine einmalige Leistung. Bei Enomiya-Lassalle ist das Zen auch ein neuer Weg für die christliche Mystik. Deshalb lehrt er nicht nur ein Zen für Christen, sondern hat in den Jahrzehnten seiner unermüdlichen Tätigkeit eine Art Zen-Seelsorge entwickelt, die ganz klare Konturen angenommen hat:

– Die Erleuchtung durch Zen ist Anfang eines weiten und langen Weges zum ganzen und neuen Menschen.

– Die Zen-Praxis unter Christen stellt an diese ganz hohe moralische, soziale und charakterliche Anforderungen, wie es auch im Buddhismus üblich ist.

– Die Christen sollen begreifen, daß sie ein Teil des Universums sind und daß andere Religionen jeweils zu *einem* Absoluten führen – daraus resultiert die Suche nach einem gemeinsamen Weg von Christen wie von Nichtchristen.

– Das »neue Bewußtsein« übersteigt jegliche Weltanschauung und die Grenzen der Religionen, ohne daß man auf eigene Weltanschauung verzichten müßte.

– So ist die Originalität der Zen-Sesshins von Enomiya-Lassalle zu verstehen, indem zum Tagesablauf die Eucharistiefeier in Sitzposition gehört. Im freiwilligen Übergang von der Zen-Übung zur Eucharistiefeier spiegelt sich die Quintessenz des Weges von Enomiya-Lassalle zum Zen. Dies ist auch sein geistiges Erbe für alle, die diesen Weg zu gehen bereit sind.

Hugo Makibi Enomiya-Lassalle, der Weise zwischen zwei Welten, der Brückenbauer zwischen Ost und West, der Jesuitenpater, Missionar, Religionsphilosoph und Zen-Meister bezeugt sein Leben in der Nachfolge Christi, u. a. mit den Mitteln der östlichen Spiritualität.

Und so dürfen wir hoffen, daß Enomiya-Lassalle noch viele Jahre lang sein Wirken in Ost und West fortsetzen kann, sein Wirken, das durch die Zusammenführung von Zen und christlicher Mystik eine epochale Bedeutung erlangt hat.

Allen, die ihm jemals als Schüler oder Gesprächspartner begegnen konnten, allen, die zu seiner Erfahrungs-Welt durch seine Bücher Zugang gefunden haben, allen, die nach neuer Innerlichkeit suchen, geben wir dieses Zeugnis seines Weges zum Zen mit auf den Weg.

Roland Ropers und Bogdan Snela

Düsseldorf/München, Juni 1988

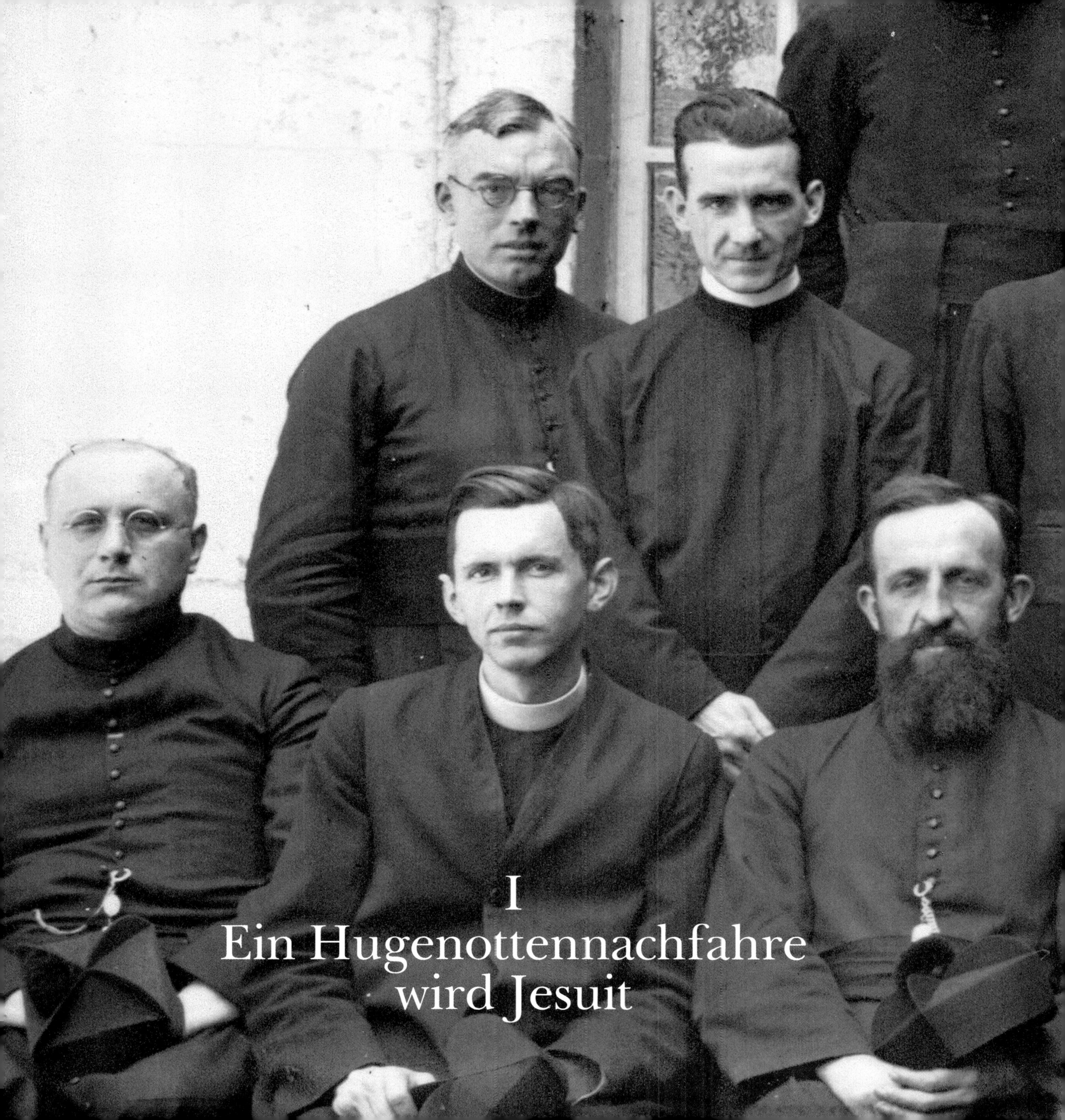

I
Ein Hugenottennachfahre wird Jesuit

Im Schoß der Familie

Meine Mutter war deutscher Abstammung, der Stammbaum meines Vaters reicht bis ins 9. Jahrhundert – das frühe Mittelalter also – nach Frankreich und Spanien. Wie viele andere Adelige schlossen sich die Lassalles den königsfeindlichen Hugenotten an und teilten seit 1572, nach der blutigen Verfolgung der sogenannten Bartholomäusnacht, das wechselhafte Schicksal der Eidgenossen in Frankreich. Nach der völligen Aufhebung des Edikts von Nantes 1685 durch den Sonnenkönig Ludwig XIV. flohen sie mit anderen Verfolgten zunächst nach Südfrankreich, dann über die Schweiz mit Erlaubnis Friedrichs des Großen schließlich nach Brandenburg, wo sie sogar einige eigene Städte gründeten. So ist die Stadt Karlshafen in Nord-West-Deutschland beispielsweise eine Hugenottengründung.
Wann meine Vorfahren katholisch geworden sind, weiß ich nicht. Jedenfalls waren meine Großeltern, die seinerzeit in Berlin wohnten und dort geschäftlich tätig waren, bereits katholisch. Zu jener Zeit wurde auch mein Vater geboren und in der Hedwigskirche getauft. Ich weiß nicht genau wann, aber einige Jahre später zogen meine Großelten mit ihren Kindern von Berlin nach Hildesheim-Moritzberg, wo sie ein schönes Anwesen mit einem großen Obstgarten gekauft hatten. Ich erinnere mich noch daran, daß meine Eltern viele Jahre später, als sie in Hildesheim wohnten, an Sonntagen mit uns Kindern dorthin fuhren und wir mit den Kindern der Verwandten im Garten spielen konnten. Aus dieser verwandtschaftlichen Linie lebt heute noch ein einziger Vetter auf dem Moritzberg, den ich seit einigen Jahren bei meinen Aufenthalten in Deutschland (wo ich Zenkurse halte) besuche. Er ist 4 Jahre jünger als ich.

Was die Laufbahn meines Vaters betrifft, so war er zunächst an der Forst- und Landwirtschaft interessiert. Als er bereits geheiratet hatte, mietete er ein Gut, d. h. einen größeren Bauernhof in Externbrock, einem kleinen Ort in der Nähe der Stadt Nieheim in Westfalen. Dort wurde ich als zweites Kind am 11. November 1898 geboren. Bald danach oder schon früher stellte sich heraus, daß die Landwirtschaft nicht genug einbrachte, und so entschlossen sich meine Eltern, den Bauernhof zu verlassen. Stattdessen wollte mein Vater mit der Familie nach Göttingen gehen, um an der dortigen Universität Jura zu studieren. Unterwegs blieben wir einige Monate in einem kleinen Ort namens Himmelstür bei Hildesheim. Dort wurde das dritte Kind geboren, auch wieder ein Knabe. Das war im Jahre 1900.
Vier Jahre studierte mein Vater in Göttingen. Dort kam 1901 das vierte Kind zur Welt, dies-

Die Großfamilie meines Vaters, der vorne mit dem Hund spielt.

mal ein Mädchen. Damals schickte man die Kinder nicht wie heute in den Kindergarten, bevor sie in die eigentliche Schule gingen. So blieben wir zu Hause, wo wir von den Eltern erzogen wurden, besonders von der Mutter. Vor allem ich – da mein Vater in dieser Zeit intensiv mit dem Studium beschäftigt war.
Nach vier Jahren zog meine Familie wieder nach Hildesheim um, weil mein Vater dort seine erste Referendarstelle bekommen hatte. Dort besuchte ich vier Jahre lang die Grundschule und später das bischöfliche Gymnasium, das sogenannte Josephinum. Ich besuchte die Sexta und Quinta also, bis mein Vater eine Anstellung als Amtsrichter in Brilon im Sauerland bekommen hatte, wo ich dann das Gymnasium mit der Quarta fortsetzte.
Rundherum habe ich eine glückliche Kindheit und Jugend gehabt. Aus meiner Kindheit ist mir in Erinnerung geblieben, daß wir Kinder

viel gespielt, oft auch Unfug getrieben haben. Bis zum Schulbeginn haben wir eine goldene Freiheit genossen.
Mein um ein Jahr älterer Bruder war sehr begabt für Musik, Mathematik und Astronomie. Mit seinem Freund bastelte er in seiner Gymnasialzeit ein Fernrohr. Einer unserer Onkel war ein sehr begabter Musiklehrer und, wie ich später feststellte, ein angesehener Geiger. Er hat uns das Musizieren beigebracht. Mein Instrument war das Cello. Ich habe gerne, auch später noch in Japan z. B. mit P. Pedro Arrupe die musikalische Familientradition in verschiedenen Musikgruppen fortgesetzt.
Die Erinnerung an meine Familie ist für mich auch heute noch ein fester Ort, auf den ich meinen späteren Werdegang zurückführe. Nachdem alle meine Geschwister unverheiratet gestorben sind, bin ich der letzte dieser Lassalles. Damit betrachte ich mein Erbe als eines geistiger Natur. Mein persönlicher Weg zum Zen – und die geistigen Entwicklungen unserer Zeit haben dazu beigetragen, daß ich an der Erneuerung der westlichen Spiritualität durch die Zen-Meditation direkt teilgenommen und den anderen diesen Weg geebnet habe.

Der Schock des ersten Weltkrieges

Mein älterer Bruder war 1914 nach dem Ausbruch des Krieges vor mir einberufen worden, er konnte aber im Schnellverfahren noch das Abitur machen. Als Soldat kam er zunächst nach Rußland. Im November 1916 wurde auch ich einberufen und mußte meine gymnasiale Laufbahn im Abiturjahr, der sog. Unterprima, ohne Abschluß unterbrechen.
Mein Bruder wurde nach seiner ersten Verwun-

dung in Rußland an die Westfront versetzt. Hier geriet er in ein schweres Feuer, eine Granate platzte in seiner Nähe, und er mußte mit einer schweren Verwundung ins Lazarett gebracht werden. Da wir immer ein sehr gutes Verhältnis miteinander hatten, ließ er mir mitteilen, daß er nicht wisse, ob er durchkommen werde. Als ich im Begriffe war abzureisen, wurde mir gesagt, daß die Todesgefahr bereits überwunden sei. Nach seinem späteren Tod konnte man erkennen, daß er mit einem 8 cm tiefen Splitter im Kopf gelebt hatte. Er hat nach dem Zwischenfall noch eine Weile in der Garnison Rekruten ausgebildet. Da er aber sehr schwach war, hat er eine Lungenpest bekommen, die schließlich zu seinem Tode führte. Ich war damals in Berlin in der Garnison und war sehr erschüttert.

Ich hatte mehr Glück gehabt. Ich wurde im November 1916, mit 18 Jahren einberufen und kam wegen meiner Größe nach Potsdam zur Garde. Im Winter 1916/17 wurde das Infanterie-Regiment 442 aufgestellt, um zusammen mit den Regimentern 443 und 444 die 231. Infanterie-Division zu bilden, mit deren Führung der aus dem 1. Garderegiment stammende General v. Hülsen beauftragt wurde.

Das Infanterie-Regiment 442 wurde zur Hälfte aus Wiedergenesenen und Abgaben der 1. Garde-Division gebildet, zur anderen Hälfte aus Rekruten des Jahrgangs 1898, die Mitte November wie ich eingezogen waren. Die ehemaligen Angehörigen des 1. Garderegiments z. F. sowie die für dieses Regiment bestimmt gewesenen Rekruten wurden dem I. Bataillon des Infanterie-Regiments 442 zugeteilt.

Dem Offizierkorps des 1. Garderegiments z. F. entstammten der Kommandeur des neuen Regiments, Major Graf Stillfried, sowie Oblt. v. Lochow.

Später mußte ich bei 33 Grad minus mit meinem Feldregiment die Übungen mitmachen. Ende März 1917 wurde das Regiment an die Westfront transportiert und zunächst zwischen Maas und Mosel bei Thiaucourt eingesetzt. Mitte Mai wurden wir herausgezogen und traten zur Gruppe Reims, wo wir eine Stellung gegenüber Pt. Sillery besetzten. Ende Juni kamen wir in einen weiter östlich gelegenen Abschnitt am Cornillet, nördlich Nauroy. Hier blieben wir in verlustreichem Großkampf bis Anfang Juli. Ende Juli wurden wir nördlich des Brimont, bei Berméricourt, erneut eingesetzt. Diesen verhältnismäßig ruhigen Abschnitt hatte mein Regiment bis Anfang Februar 1918 inne, zur Zeit also, als ich meine Kriegsreifeprüfung ablegte.

Bei Reims konnten wir sogar von unseren Schützengräben aus die Türme der Kathedrale sehen. Wir gerieten jedoch sofort in schwere Kämpfe und wurden stark angegriffen. Im Oktober wurde ich mit einer Patrouille an eine eigentlich ruhige Stelle geschickt, wo Gefangene gemacht werden sollten, um sie über die Positionen der feindlichen Truppen auszufragen. Ich habe mich als dazu besonders Ausgebildeter einem Sturmtrupp angeschlossen. Nachdem schon zwei meiner Kameraden getötet worden waren, wurde auch ich am Fuß verwundet. Das war keine sehr schlimme Sache, ein Steckschuß, aber weil es das Gelenk war, dauerte es lange, bis die Wunde geheilt war. Nach mehreren Krankenhausaufenthalten wurde ich einer fahrenden Truppe zugewiesen und dort im Umgang mit Pferden ausgebildet. Bevor wir aber ausrückten, war der Krieg zu Ende. Mir half, diesen Zeitpunkt ohne Kampf zu erleben, auch eine weitere Krankheit, Gelenkrheumatismus, weswegen ich wieder ins Krankenhaus mußte. Als Verletzter sieht man die Frage des Krieges mit ganz anderen Augen als in der ursprünglichen Kriegsbegeisterung, die wir beiden Söhne mit meinem Vater teilten. Mein Vater, damals fast 45 Jahre alt, wollte freiwillig mit seinen beiden Söhnen in den Krieg, dies aber hat meine Mutter verhindert. Die Situation damals ist nicht mit der heutigen vergleichbar, auch nicht mit der nach dem Zweiten Weltkrieg. Wir waren noch sehr naiv. Wir schrieben nach dem Ausbruch des Krieges einen Aufsatz über die Ursachen des Weltkrieges. Die Gründe schienen einfach. Erster Grund: die Rache Frankreichs für 1871, zweiter: der Neid Englands, dritter: Beweis der Unschuld Deutschlands.

Nach dem Kriege waren wir sehr niedergeschlagen. Diese Situation ging einher mit einer starken religiösen Bewegung.

Ich mußte rückblickend feststellen, daß ich viel Glück gehabt habe, im Unterschied zu meinem früh verstorbenen älteren Bruder. Ich war eigentlich fast nie im Nahkampf gewesen, mit Ausnahme dieser Patrouille, wo ich auch eine Granate geworfen habe, wodurch wahrscheinlich derjenige, der auf mich schoß, umgekommen ist. Nach meiner Verwundung und der darauffolgenden Krankheit konnte ich mich im Lazarett auf das Kriegsabitur vorbereiten. Mein folgendes Gesuch faßt meine Lebensstationen zusammen, und in meinem Abituraufsatz hallt noch der Schrecken der Kriegserlebnisse nach; meinem Prüfer war meine Beschreibung der Kriegserlebnisse zu sachlich – er möchte lieber die Schrecken des Krieges auf das Gemüt des mitfühlenden Menschen zurückführen.

Inmitten der Familie hatte ich den festen Ort, auf den ich meinen späteren Werdegang zurückführe.

Die Kriegsreifeprüfung

– Gesuch des Gefreiten Hugo Lassalle um Zulassung zur Kriegsreifeprüfung im Februar 1918, Brilon, 3. Februar 1918

Die königliche Reifeprüfungskommission bitte ich gehorsamst um Zulassung zur Kriegsreifeprüfung im Februar 1918.
Ich bin geboren am 11. November 1898 zu Externbrock bei Nieheim, Kreis Höxter, Sohn des Amtsrichters Lassalle in Brilon, katholischer Konfession. Von Ostern 1905 bis 1908 besuchte ich die Volksschule zu Hildesheim, die folgenden Jahre die Mittelschule daselbst, 1909–1911 das Gymnasium Josephinum in Hildesheim, von 1911 ab das Gymnasium zu Brilon. Am 23. November 1916 wurde ich von der Unterprima zum Heeresdienst einberufen. Am 28. März 1917 rückte ich mit dem Infanterieregiment 442 ins Feld. Im Sommer und Herbst lag ich in der Nähe von Reims. Am 8. Oktober wurde ich zum Gefreiten ernannt und am 26. Oktober verwundet und bekam am folgenden Tage das Eiserne Kreuz. Am 25. Dezember kam ich ins Lazarett in Brilon, wo ich mich auf die Kriegsreifeprüfung vorbereitete.

Gehorsamst Hugo Lassalle

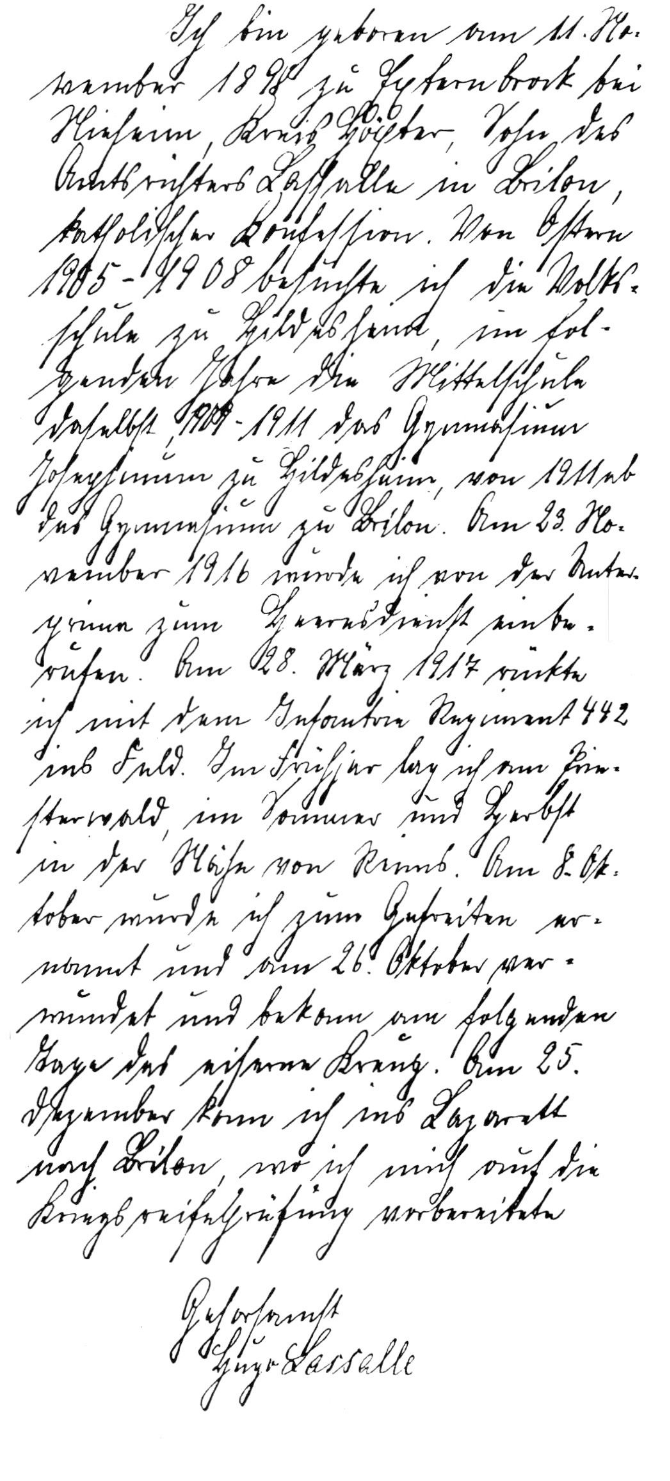
Ich bin geboren am 11. November 1898 zu Externbrock bei Nieheim, Kreis Höxter, Sohn des Amtsrichters Lassalle in Brilon, katholischer Konfession. Von Ostern 1905–1908 besuchte ich die Volksschule zu Hildesheim, im folgenden Jahre die Mittelschule daselbst, 1909–1911 das Gymnasium Josephinum zu Hildesheim, von 1911 ab das Gymnasium zu Brilon. Am 23. November 1916 wurde ich von der Unterprima zum Heeresdienst einberufen. Am 28. März 1917 rückte ich mit dem Infanterie Regiment 442 ins Feld. Im Frühjahr lag ich am Finsterwald, im Sommer und Herbst in der Nähe von Reims. Am 8. Oktober wurde ich zum Gefreiten ernannt und am 26. Oktober verwundet und bekam am folgenden Tage das eiserne Kreuz. Am 25. Dezember kam ich ins Lazarett nach Brilon, wo ich mich auf die Kriegsreifeprüfung vorbereitete.

Gehorsamst
Hugo Lassalle

– Abituraufsatz: Welche Kampfmittel machen den Krieg besonders furchtbar?

Zu allen Zeiten ist der Krieg ein furchtbares Elend gewesen. Denn im Kriege wird viel Blut vergossen, und weite blühende Landstriche werden verwüstet. Die Soldaten verrohen sehr und kümmern sich nicht um Recht und Unrecht, soweit sie nicht gegen ihre Kriegsgesetze verstoßen; denn andernfalls hätten sie schwere Strafe zu erwarten. Es gilt der Grundsatz: Was nicht verboten ist, das ist erlaubt, wie Schiller in »Wallensteins Lager« sagt. Aber doch ist nie ein Krieg so furchtbar gewesen als gerade der jetzige. Besonders furchtbar ist er zu Lande durch seine Kampfmittel. Welche Kampfmittel machen nun den Krieg besonders furchtbar? Es sind die Fern- und Nahkampfmittel, denn noch in keinem Kriege sind sie so vollkommen ausgebildet gewesen wie gerade jetzt. Ja, man hat jetzt sogar viele, die man früher noch gar nicht kannte. Von den Fernkampfmitteln kommen zunächst in Betracht die Geschütze mit ihren Geschossen, den Granaten und Schrappnells. Die heutzutage gebrauchten Geschosse sind zunächst zum Teil sehr groß und haben daher natürlich eine sehr große Wirkung. Schon die Sprengstücke von mittelschweren Granaten fliegen mehrere hundert Meter weit und reißen wegen dieses gewaltigen Druckes furchtbare Wunden. Verhältnismäßig kleine Splitter reißen oft ein ganzes Glied weg. Wenn eine Granate in unmittelbarer Nähe eines Menschen einschlägt, bleibt gewöhnlich nichts von ihm über. Gegen die heutigen Granaten schützen weder Unterstände noch Stollen. Denn man hat Granaten, die erst mehrere Meter tief in den Boden eindringen, ehe sie krepieren, wo sie dann eine furchtbare Wirkung haben. Sehr tiefe Stollen werden allerdings auch durch diese sogenannten Stollensucher nicht zerschmettert. Aber es kommt vor, daß die Eingänge verschüttet werden. Dann müssen die Leute im Stollen gewöhnlich ersticken. Wenn ein Unterstand oder ein Stollen von einer Granate eingedrückt wird, so werden die Leute lebendig begraben. Manchmal sind noch einige am Leben, wenn Hilfe kommt, aber durch Balken, Steine und Erde so verschüttet, daß sie nicht schnell genug ausgegraben werden können. Sie müssen dann unter furchtbaren Qualen, oft geistig umnachtet, sterben. Besonders furchtbar und ganz neu in diesem Krieg sind die Schwefel- und Gasgranaten. Die Schwefelgranaten sind giftig. Wenn man von dem Splitter einer solchen Granate nur leicht verwundet wird und nicht sofort ärztliche Hilfe da ist, so muß man an Vergiftung sterben. Gegen die Gasgranaten, die auch besonders furchtbar sind, hat man zwar eine Gasmaske. Aber wenn plötzlich mit Gasgranaten geschossen wird, kann man oft seine Gasmaske nicht schnell genug aufsetzen. Und wenn man nur einmal tief Atem holt in dem Gas, ist man schon sehr stark vergiftet und meistens verloren. Furchtbar in ihren Wirkungen sind auch die Schrappnells, die einen ganzen Kugelregen ausgießen. Diese sind in früheren Kriegen noch nicht verwandt. Ebenso furchtbar, oft sogar noch schlimmer als die Granaten sind die Minen, die man früher auch noch nicht verwandt hat. Diese werden mit Minenwerfern aus ziemlich geringer Entfernung geworfen. Die schweren Minen sind zwei Zentner schwer und zerschlagen jeden Unterstand. Die furchtbarste Wirkung bringen die Granaten, Schrappnells und Minen hervor beim Trommelfeuer. Da schlägt ein Geschoß dicht neben dem andern ein. Nach einiger Zeit sind alle Unterstände zusammengeschossen, doch die Soldaten wissen nicht, wie sie sich schützen sollen. So furchtbar ist das Trommelfeuer, daß man sich freut, wenn der Feind endlich angreift und das Feuer nach hinten verlegt.

Die Geschütze und Minenwerfer sind Fernkampfmittel, die hinter den vordersten Gräben aufgebaut sind. Man hat aber auch in den vordersten Gräben viele fruchtbare Fernkampfmittel. Das sind zunächst die Gewehre. Ihre Geschosse haben heutzutage eine Durchschlagskraft, wie sie sie noch nie gehabt haben. Ein Querschläger zertrümmert einen Knochen vollständig. Die Maschinengewehre schießen mit denselben Geschossen wie die Gewehre. Aber man kann mit einem Maschinengewehr zweihundert und fünfzig Schuß in der Minute abgeben. Bei Angriffen werden die Maschinengewehre dazu gebraucht, um die ersten Wellen geradezu niederzumähen. Ferner hat man im ersten Graben zuweilen kleine Kanonen, die sogenannten Revolverkanonen, mit denen geschossen wird, sobald man bemerkt, daß irgendwo im feindlichen Graben »Betrieb« ist. Mit dem Gewehr kann man auch sogenannte Gewehrgranaten abschießen, die zwar nur wenige hundert Meter weit fliegen, aber doch oft eine furchtbare Wirkung haben. Denn ihre Splitter können, wenn sie in eine Abteilung trifft, zehn bis zwölf Mann töten. Im zweiten Graben werden Granatwerfer eingebaut, mit denen man kleine Wurfgranaten schleudert. Auch diese sind etwas Neues in diesem Kriege. Endlich werden noch die Gasflaschen in vorderster Linie eingebaut. Mit Hilfe derselben werden Gasangriffe gemacht, indem man das Gas ausströmen läßt. Wenn ein solcher Gasangriff unerwartet kommt, hat er furchtbare Wirkungen. Wer nicht noch schnell seine Gasmaske aufsetzen kann, ist rettungslos verloren. Die Leute, welche in den Unterständen vielleicht schlafen, müssen ersticken, da das Gas schwerer als Luft ist und daher in die Unterstände eindringt. Auch die Gasangriffe hat man früher noch nicht gekannt.

Ebenso furchtbar wie die Fernkampfmittel sind auch die Nahkampfmittel. Als Fernkampfmittel hat man Minen, die geschleudert werden. Im Nahkampf bedient man sich der Sprungminen. Eine Sprungmine wird folgendermaßen angelegt. Man treibt einen Stollen von der eigenen Stellung aus zur feindlichen dahin, wo man eine Sprengung vornehmen will. Man unterminiert zum Beispiel ein feindliches Grabenstück. Der Stollen wird dann mit Sprengstoff gefüllt und dieser zur Entzündung gebracht, wobei oft mehrere Kompanien in die Luft fliegen. Auch das ist im jetzigen Krieg neu, da man früher den Stellungskrieg kaum gekannt hat. Ferner unterminiert man oft einen Platz in der feindlichen Stellung, den man besetzen will. Es wird dann gleichzeitig eine Sturmkompagnie bereitgehalten oder der Sprengstoff zur Entzündung gebracht. Sobald nun die Ladung explodiert, greifen die Sturmtrupps an und besetzen den durch die Sprengung entstandenen Trichter. Diese Sprengtrichter sind so groß, daß eine Kompagnie bequem darin Platz findet. Nach der Besetzung wird der Trichter gleich zur Verteidigung umgebaut und durch einen Graben mit der eigenen Stellung verbunden. Auf diese Weise schafft man sich einen Stützpunkt in der feindlichen friedlichen Stellung. Wie zum Angriff so werden auch zur Verteidigung Minen angelegt. Man gräbt zum Beispiel ein tiefes Loch vor einem Truppenposten, füllt es mit Sprengstoff und deckt es möglichst unauffällig wieder zu. Wenn nun eine feindliche Patrouille in der Absicht, den Horchposten auszunehmen, herankommt, so bringt man die Ladung zur Entzündung. Oft entzündet sich die Ladung auch von selbst, wenn man auf die Stelle tritt. Diese Minen nennt man daher Tretminen. Auch derartige Minen hat man in früheren Kriegen kaum verwandt, da sie sich durch einen elektrischen Funken entzünden, dessen Eigenschaften man früher noch nicht so genau kannte.

Ferner sind die Handgranaten ein besonders furchtbares Kampfmittel. Man unterscheidet Stiel- und Eierhandgranaten. Beide sind furchtbar in ihren Wirkungen. Bei uns werden die Stielhandgranaten am meisten gebraucht, während die Franzosen die Eierhandgranate vorziehen. Die Stielhandgranaten sind besonders eindrucks- und wirkungsvoll; denn sie geben einen gewaltigen Knall ab bei der Explosion. Man braucht die Handgranaten zur Abwehr und zum Angriff. Jeder Posten hat eine Anzahl Handgranaten auf seinem Stande liegen. Besonders werden sie für den Angriff gebraucht. Wenn man gegen die feindliche Stellung vorgeht, wirft man eine Salve Handgranaten hinein und springt, nachdem diese krepiert sind, in den feindlichen Graben. Wenn die Salve richtig sitzt, wird man keinen Widerstand mehr finden. So furchtbar ist die Wirkung der Handgranaten. Sie sind aber nicht nur für den Gegner gefährlich, sondern auch für den Werfer. Oft kommt es vor, daß sich eine Handgranate von denen, die man bei sich hat, entzündet und auch die anderen zur Entzündung bringt. Dann wird der Handgranatenwerfer vollständig zerrissen. Ferner werden beim Angriff die Flammenwerfer gebraucht. Dies ist wohl die furchtbarste Waffe, die man augenblicklich hat. Er wird besonders gebraucht, um Stollen, aus denen der Feind sich nicht vertreiben lassen will, auszuräuchern. Ferner werden im Nahkampf wie auch früher schon Seitengewehr und Kolben benutzt. Auch mit dem Messer wird in diesem Kriege besonders gewütet von den Kolonialtruppen, die von unseren Feinden verwandt werden. Endlich sind die Revolver, die jetzt und früher im Nahkampf viel gebraucht wurden, bedeutend vervollkommnet und haben daher auch eine furchtbarere Wirkung als früher. Alle diese Kampfmittel machen den Krieg zu Lande besonders furchtbar. Da nun der Krieg so furchtbar ist, so sehnen sich alle Völker nach Frieden. Wir hoffen, daß diese Sehnsucht in Erfüllung gehen wird. Besonders jetzt haben wir Grund zur Friedenshoffnung, da schon seit einiger Zeit mit Rußland und Rumänien die Friedensverhandlungen begonnen haben. Daher hoffen wir auf einen baldigen Frieden.

In den Jesuitenorden – unterwegs nach Japan

Nachdem ich mein Abitur noch während meiner Krankheit vor dem Ende des Krieges nachholen konnte, trat ich ein halbes Jahr nach dem Ende des Krieges in den Jesuitenorden ein. Ich hatte immer schon vor den Jesuiten eine große Hochachtung. Bis kurz vor meinem Eintritt in den Orden hatte ich keinen Jesuitenpater in meinem Leben gesehen, da diese bekannterweise in Deutschland keine Niederlassungen haben durften. Ich habe mit großem Interesse das Leben des heiligen Ignatius von Loyola gelesen. Damals wurden alle deutschen Jesuiten

in Holland ausgebildet. So habe ich mein zweijähriges Noviziat und die ersten beiden Jahre des Philosophiestudiums in Holland verbracht und das dritte Jahr in England, nachdem ich mich für Japan gemeldet hatte. Die ersten zwei Jahre des Theologiestudiums absolvierte ich wiederum in Holland, die zwei anderen Jahre und den Abschluß in England.

Nachdem ich im Orden war, habe ich jährlich die ignatianischen Exerzitien gemacht. Ich interessierte mich schon damals für die Mystik. Ignatius von Loyola war ja ein großer Mystiker. Das dritte Probejahr, eine Art des erneuerten Noviziats nach der Priesterweihe, verbrachte ich in Frankreich. Der Leiter des dortigen Hauses gab uns auf, Johannes vom Kreuz und Theresa von Avila zu lesen, was ich auch mit großem Interesse tat.

Ich habe mich selbst für die Mission gemeldet. Damals hat mich das Buch »Von Kapstadt zum Sambesi« sehr interessiert und begeistert. Schon als Novize habe ich an unseren Jesuiten-General geschrieben, daß ich gerne in die Mission nach Afrika gehen möchte, und wenn das nicht möglich sein sollte, dann nach Japan. Während des Krieges wurden die deutschen Jesuiten aus Indien durch die Engländer ausgewiesen. Die Schulen und andere Werke, die die deutschen Jesuiten gegründet hatten, wurden anderen Provinzen des Ordens zugewiesen. Die deutsche Provinz erhielt stattdessen eine Mission in Japan. Zu dieser Zeit, d.h. bevor ich nach Japan ging, erschien ein Buch von einem Japaner, der Christ war, Protestant, mit dem Titel »Jenseits der Todeslinie«, in dem er seine Arbeit im Armenviertel von Kobe in Japan beschreibt. Das hat mich sehr beeindruckt, aber auch andere Bücher, besonders über die Künste in Japan, die ich gelesen habe. Zen war schon damals für mich ein Begriff.

Wenn ich nach Japan gehen sollte, war mein Ideal, im Armenviertel zu wohnen. So ging ich nach Japan mit diesen zwei Ideen im Kopf: Im Armenviertel zu wohnen und Zen konkret und praktisch kennenzulernen. Zum Zen bin ich deswegen gekommen, weil dies eine typisch japanische Sache ist. Und weil Zen die Japaner und ihren Charakter sehr stark beeinflußt hat. Als ich also nach Japan gehen sollte, habe ich mir gesagt: »Wenn du das Zen richtig studierst, dann wirst du die Japaner besser verstehen«. Das war mein Motiv für das Interesse am Zen. Das Motiv für die Arbeit im Armenviertel war ganz anderer Natur, es war geprägt durch die schlichte christliche Nächstenliebe, und die sollte nicht theoretisch bleiben, sondern in der Praxis konkret werden, im Leben mit den Armen: Da ich nicht von meinem Ordenshaus hin und zurück pendeln wollte, habe ich dieses Zentrum mitten im Armenviertel gegründet. Dazu kam noch eine andere Idee: Studenten aus Tokyo sollten sich daran beteiligen. Dafür hatte ich gute Vorbilder in England und in den USA, wo damals Studenten im Armenviertel von London und anderen Großstädten beständig zusammenwohnten in einem Haus.

II
Alles hat mit sozialer Arbeit angefangen

Der Weg zu den Armen

Das katholische Heim für die Armen, nach amerikanischem Muster »Settlement« genannt, über dessen Aufgaben und Wirken wir einen kurzen Überblick geben wollen, liegt im Arakawabezirk Tokyos auf der Grenze der beiden Vorstädte Mikawashima und Ogu. Der engere Umkreis dieses Stadtteils führt den Namen Machiya. Er ist durch Ansiedlung der im großen Erdbeben (September 1923) gänzlich verarmten Bewohner älterer Bezirke der Hauptstadt entstanden. Seitdem wurde er Sammelplatz für Arme und Notleidende. Noch jetzt, 1931, kommen täglich Familien hierher, in der Hoffnung, unter denkbar einfachsten Verhältnissen eine Lebensmöglichkeit zu finden. Eine solche Gelegenheit bieten z. B. Gewerbe, wie Anfertigung von Gummischuhen oder Zelluloidwaren, die aus Gesundheitsrücksichten oder weil sie von alters her als Arbeiten der Ausgestoßenen gelten, in besseren Stadtteilen nicht erlaubt sind. Hier wohnt eine große Zahl von sog. »Bataya«, d. h. Leuten, die in ganz Tokyo mit ihren Karren umherfahren und in großen Papierkörben und Kisten Abfälle suchen, die sie nach Gewicht als Rohstoffe verkaufen. Sie bilden eine eigene Ordnung. Ihre Lebensweise ist gekennzeichnet durch äußerste Einfachheit, übermäßigen Genuß von Reisbranntwein, Messerstecherei und doch wieder mit einem gewissen ritterlichen Geist verbunden. Es ließe sich ein eigenes Kapitel über diese tiefstehende Menschenklasse schreiben. Nur eines sei noch erwähnt zur Vervollständigung des Stadtbildes von Mikawashima. Hier ist die riesige Feuergruft (Krematorium), deren nächste Umgebung wegen der Billigkeit der Wohnungen von den Armen besonders bevorzugt zu werden scheint.

Um einen Begriff zu geben, in welcher Notlage sich viele Leute befinden, mögen einige Beispiele folgen. Die sog. Freiarbeiter, die sich von Fall zu Fall ihre Arbeit suchen müssen, finden durchschnittlich jeden vierten Tag Beschäftigung durch Vermittlung einer Arbeitsstelle. Sie verdienen an einem Tage 1,30 bis 1,50 Yen (1 Yen = 100 Sen = 0,57 RM.) oder noch weniger. Damit müssen sie sich und ihre ganze Familie vier Tage lang ernähren. Es treffen auf den Tag also 30–40 Sen, was für einen Tag ausreicht, um in billigen Kneipen für eine Person Essen zu bekommen. Arbeitslosenunterstützung gibt es nicht. Viele Familien leiden Not, weil der Vater gestorben ist und die Mutter für sich und ihre Kinder neben der Hausarbeit den Lebensunterhalt verdienen muß. Das geschieht meistens durch Heimarbeit, die aber bei größtem Fleiß und sonst günstigen Umständen höchstens auf 40 Sen täglich kommt, meistens aber nur 30 und weniger einbringt. Besonders schlimm wird es, wenn ein Familienmitglied krank oder gar ständig leidend ist. Einmal kam ein Vater mit seinem kleinen Kinde zu uns, das sterbenskrank war, und bat, wir möchten helfen; denn er habe einige Wochen lang täglich 5 Yen für ärztliche Behandlung und Spritzen verbraucht, und jetzt sei sein ganzes Vermögen aufgezehrt. Ein anderer hatte ein großes Geschwür am Knie und mußte zu einem wundärztlichen Eingriff ins Krankenhaus. Er erhielt von der Behörde einen Krankenschein, hatte aber keinen Pfennig Geld, um die Straßenbahn zu bezahlen. So verkaufte er seine Bettdecke (»Futon«), um das Fahrgeld zu bekommen. Er meinte, es sei nicht so schlimm, denn es würde doch bald wärmer werden. Er konnte nach dem Eingriff gleich zurückkehren und liegt nun krank zu Hause. Die Frau geht täglich in die Fabrik und verdient 35 Sen am Tag. Sie hat drei Kinder, von denen das eine zur Schule geht, ein anderes schwachsinnig und das dritte noch ein Säugling ist. Bevor der Vater krank wurde, brachte er das Kind dreimal täglich zur Mutter in die Fabrik, damit sie dem Kind die Milch gebe. Jetzt kann er auch das nicht mehr tun. – Solche Fälle gibt es unendlich viele in unserer Umgebung. Viele Kinder bekommen selten oder nie ein Mittagessen, gar nicht zu reden vom Mangel an Kleidung und von den schlechten Wohnungen. Diese letzteren sind besonders wegen der Strohmatten (»Tatami«), die den Fußboden bilden, oft sehr ungesund, besonders wegen der Feuchtigkeit und unsauberer Instandhaltung. Das haben wir selbst erlebt in dem alten Haus, das wir bewohnten, bevor unser Neubau fertig war; nach einem starken Regen sproß da ein stattlicher Pilz aus den Strohmatten.

Die Zahl der unterstützungsbedürftigen Familien im Arakawabezirk, von dem wir den schlimmsten Teil erwählt haben, beträgt nach amtlicher Schätzung mehr als 13000. Zwar ist seit dem 1. Januar 1932 das Gesetz zur Unterstützung der Notleidenden in Kraft und wird auch gewiß schon vielen dadurch geholfen. Doch ist seine praktische Anwendung noch mit großen Schwierigkeiten verbunden. Der Voranschlag reicht in unserer Gegend nicht aus für so viele Notleidende. Daher wird manchem die Zahlung der Unterstützungsgelder eingestellt, bevor sich seine Lage gebessert hat, damit auch andere an die Reihe kommen. Andere wieder erhalten nichts, mit der Begründung, da müßten gleich 40–50 andere in der Nachbarschaft auch berücksichtigt werden. Auch kennen die Armen das Gesetz nicht oder nur ungenügend, um es sich zunutze zu machen. Die ehrenamtlich bestellten Vertrauensmänner aber, die genaue Kenntnis von den Hilfsbedürftigen ihres Gebietes haben sollten, sind bei der großen Zahl der Schutzbefohlenen ihrer Aufgabe nicht gewachsen, zumal sie einfache Männer aus dem Volke sind, wie Schreinermeister, kleine Kaufleute und dergleichen. Die Familienverhältnisse der Notleidenden sind überdies oft sehr verwickelt und erschweren so die richtige Handhabung des Gesetzes. Es gibt nämlich eine Bestimmung, daß nur solchen Unterstützung gewährt wird, die keine Verwandten haben, die helfen könnten. Diese Verordnung geht aus dem lobenswerten Bestreben hervor, den in Japan altherkömmlichen Zusammenhalt der Großfamilie im Volke zu fördern, wonach jeder die Verpflichtung hat, für seine notleidenden Familienmitglieder zu sorgen. Doch wohnen die Verwandten der in die Armenviertel verschlagenen Leute meist sehr weit weg; so braucht die Nachforschung viel Zeit und Mühe, und oft weigern sich die Verwandten, Hilfe zu leisten, sei es, weil sie schon oft geholfen haben, sei es, weil Streitigkeiten vorliegen, oder weil der Notleidende aus irgendeinem Grunde aus der Familie verstoßen wurde.

So ist zur Zeit noch eine weitgehende rein persönliche Wohlfahrtshilfe erforderlich. Davon aber ist in unserem Bezirk fast nichts vorhanden, so daß tatsächlich Tausende von armen Menschen in äußerster Notlage sind. Unter solchen Umständen finden viele Krankheiten einen günstigen Nährboden. Schwindsucht in den verschiedensten Formen ist sehr häufig, ebenso Augenkrankheiten. Als wir unsere Jungen untersuchten, die in die Sommerfrische gingen, fanden wir unter 58 Kindern 25 Augenkranke. Da bei den schlechten Wohnverhältnissen oft mehrere Familien in einem nicht sehr großen Zimmer zusammenleben, lassen sich die sittlichen Schäden unschwer ermessen, und es ist nicht zu verwundern, daß Geschlechtskrankheiten in erschreckend großer Häufigkeit auftreten.

In diesem Sammelbecken menschlichen Elends wurde im Oktober 1931 von einigen Studenten der kath. Universität (Jochi Daigaku) unter meiner Leitung die Armenniederlassung (»Jochi Settlement«, d. h. wörtlich: Universitätsniederlassung) gegründet. Die Studenten haben seither fleißig am Ausbau des Werkes gearbeitet. Manche wohnen im Settlement, andere kommen an bestimmten Tagen dorthin. Sie sind in allen Zweigen der christlichen Nächstenliebe tätig und fühlen sich für das ganze Werk verantwortlich. Das »Kinderheim« ist ihnen in besonderer Weise anvertraut. Mit seiner Eröffnung wurde das neue Werk begründet. Die Kinder kommen hier zweimal in der Woche nachmittags zusammen; sie erhalten Hilfe bei den Schularbeiten und finden Gelegenheit zu Sport und Spiel. Eine kleine Bücherei bietet den Kindern guten Lesestoff. Gelegentlich werden Ausflüge gemacht und Lichtspielabende veranstaltet. Im Sommer gehen die Kinder für einige Tage an die See oder in die Berge. In derselben Weise nehmen sich die Schülerinnen der höheren katholischen Schulen Seishin und Futaba der Mädchen an. Wenn die Kinder nach der Schulentlassung auch das Kinderheim verlassen, bekommen sie eine Art Diplom. Soweit möglich, bemühen wir uns, ihnen Arbeitsstellen zu verschaffen. Manches Kind kam so in eine katholische Familie. Diese Betreuung der Jugend ist für die weitesten Kreise gedacht, ob die Familien nun besonders bedürftig sind oder nicht. Sie soll einen breiten Boden schaffen für die eigentliche Hilfstätigkeit unter den Armen. Sie bietet nämlich nicht nur Studenten und Studentinnen Gelegenheit, sich um die Erziehung der oft verwahrlosten Kinder der Armenviertel verdient zu machen, sondern sie ist auch ein ausgezeichnetes Mittel, das Vertrauen jener Leute zu gewinnen, die oft nur Mißtrauen und Vorurteile hatten gegen alle, selbst gegen jene, die ihnen helfen wollten.

Auf dieser breiten Grundlage aufbauend, kann nun das eigentliche Hilfswerk in Angriff genommen werden. Bei der übergroßen Zahl der Bedürftigen kann es sich meist nur auf die ganz Armen beschränken. Daher muß die Notlage der einzelnen Familien genau festgestellt werden. Das geschieht teils durch Erkundigungen bei den Behörden und Vertrauensmännern, teils durch unsere eigenen Nachforschungen. Über die Familien führen wir eine Kartei, die 1935 etwa 300 Mitglieder zählte. Diese Leute nehmen teil an den verschiedenen Zweigen unserer Fürsorge. Sie werden regelmäßig besucht. Etwaige Veränderungen ihrer Lage, sei es zum besseren oder schlimmeren, können auf diese Weise frühzeitig wahrgenommen und vermerkt werden, so daß allmählich eine kleine Familien- bzw. soziale Krankheitsgeschichte zur Verfügung steht. Sie werden je nach ihrer Notlage betreut, und bei entsprechender Besserung der Lage müssen sie anderen Platz machen, die noch hilfsbedürftiger sind. Beim Besuchen und Betreuen der Familien leisten die Studenten wertvolle Dienste. Jede Familie wird nach Möglichkeit einem Studenten anvertraut, so daß diese ganz im Sinne der Vinzenzbrüder arbeiten, obwohl wir keinen eigentlichen Vinzenzverein haben.

Weihnachten im Elendsviertel von Mikawashima 1931

In diesem 80000 Einwohner zählenden Vorort Tokyos habe ich als Minister der Jesuiten-Kommunität unserer Universität also dieses Settlement (Niederlassung) eingerichtet, um unseren

Studenten Möglichkeiten zu sozialer-caritativer Betätigung zu geben. Man kaufte einige japanische Häuschen an, wo zwei katholische Studenten und ein Diener dauernd wohnen. Die Kameraden unterstützen diese und helfen ihnen bei der Arbeit. Die Studenten nehmen sich der Jungen an. Für die Mädchen sorgen ehemalige Schülerinnen der Schwestern vom Heiligsten Herzen, die in der Nähe unserer Hochschule eine große Schule für Mädchen haben.

Am 1. November 1931 fing die Arbeit an. Aber schon sollte das Weihnachtsfest dort gefeiert werden. Eine Weihnachtsfeier bei Leuten, die vom Christentum noch keine Ahnung haben, höchstens Vorurteile dagegen! In ihrem Stadtviertel, das sehr arm ist, gibt es leider noch keine katholische Missionsstation. Auch noch keinen Shinto- und Buddha-Tempel, was wir aber nicht bedauern. Manche Kinder der Volksschule kennen noch nicht einmal Amaterasu, die Urgöttin und Urmutter des japanischen Kaiserhauses und des ganzen Volkes, was in Japan schon etwas heißen will.

So bestieg ich am heiligen Abend mit einem Mitbruder, einem Cello, einer Geige und einer Klampfe das Auto. Durch Straßengewirr ging es zur Niederlassung in Mikawashima. Wir kamen um 16.30 Uhr an, und schon war das Haus umlagert von einer lärmenden Kinderschar, die die Zeit bis zum Beginn der Feier nicht abwarten konnten. Jubelgeschrei empfing uns. Die Jungens grüßten schneidig. Drei Finger der rechten Hand hoben sie hoch. Das ist der Gruß der »Shomendan«, die von unseren Studenten gegründet wurde. Es ist der Stamm der Kinder, die regelmäßig zur Niederlassung kommen. Jeden Sonntag erhalten diese kleinen Jungen einen Zettel, auf dem ihnen ein Student etwas Besonderes angibt, wodurch sie ihren Charakter schulen sollen. Am nächsten Sonntag müssen sie dann den Zettel ausgefüllt abliefern. Die Jungens sind Feuer und Flamme dafür. Auf diese und viele andere Weisen wird ein wohltätiger Einfluß auf die Kinder ausgeübt. Nach dem Urteil unserer Studenten kann man schon einen merklichen Wechsel im Benehmen der Kinder feststellen, denn die Erziehung der Kinder zu Hause läßt viel zu wünschen übrig. Auch die rein äußerliche. Sehr wertvolle Erfahrungen können unsere Studenten, die berufen sind, später führende Stellungen im Volke einzunehmen, dort sammeln. Man sollte sie nur erzählen hören.

Nun also, wir wurden mit Jubel empfangen und begrüßten eine ganze Anzahl von den Kindern, die wir schon von früher her kannten. Dann brachten wir unsere Sachen in Sicherheit. Die Neugier und Spannung der Kleinen wuchs natürlich um ein beträchtliches, als sie die sonderbaren Hüllen unserer Musikinstrumente wahrnahmen. Sie waren schon am Morgen gekommen, und fortwährend fragten sie: »Sensei, fängt es noch nicht bald an?« Durch alle Ritzen und Spalten suchten sie einen Blick in das Zimmer zu tun. Und bei dem Drängen und Stoßen ging zunächst eine Scheibe drauf. Endlich konnten sie hinein. Gab das ein Hallo. Der Weihnachtsbaum, die bunten Wände, die Püppchen und alle möglichen Spielsachen, die an der Decke und an den Wänden baumelten. Klein und eng war der Raum. Groß die Schar der neugierigen Kinder. Wohl 250 bis 300 Kinder hockten da durcheinander. So zusammengepfercht, daß man kaum einen Fuß dazwischen setzen konnte, ohne auf zwei oder drei dieser krabbeligen Menschlein zu treten. Die Kinder waren ganz selig. Weniger wohl fühlte sich der Fußboden des Zimmers. Ein solches Gewicht war er nun doch nicht gewohnt. Auf einmal gab's ein Krachen, und die ganze mittlere Partie rutschte etwa 30 bis 40 cm tiefer. Die Holzträger waren geknickt, und die Tatami (Matten) sanken mit den darauf hockenden Trabanten in die Tiefe. Es geschah keinem etwas, und der Freude tat das am wenigsten Abbruch. Nur ich bekam einen kleinen Schrecken. Denn ich dachte an die Rechnung, die ich in den nächsten Tagen bekommen würde. Und das bei einer Kasse, die nur aus Schulden bestand. Doch über dem Jubel der Kinder waren auch bald die Schulden vergessen.

In einer Ecke des Raumes hatte man eine winzige Bühne aufgeschlagen. Ein Student leitete auf ihr mit einer festlichen Rede die Feier ein. Nachdruck wurde dieser Rede verliehen durch eine Tüte Süßigkeiten, die jedes Kind erhielt. Da hätten Sie etwas erleben können. Man suchte durch die ergreifenden Weisen des Grammophon die Fütterung noch zu würzen; aber da bedurfte es keiner Würze. Man verstand einfach sein eigenes Wort nicht mehr. Solch ein Jubel brach aus. Als die Mäulchen einigermaßen gestopft waren, und man sich wieder etwas verständlich machen konnte, erzählte ich kurz einiges von Weihnachten, vom Christkind. Auch ließ ich allen ein Blättchen reichen, auf dem kurz und einfach vom Weihnachtsgeheimnis erzählt war. Wohl für alle war es das erste Mal, daß sie etwas vom Christkind hörten. Diese religiöse Armut ist immer noch die schlimmste. Wenn wir auch kein direktes Apostolat ausüben können, so ist es doch langsame Vorbereitung, daß auch die frohe Botschaft zu diesen verlassenen Armen Tokyos kommt.

Draußen standen die Mütter und schauten staunend und dankbar bewegt der Feier zu. Eine Mutter, mit ihrem Kleinen auf dem Rücken, meinte, als ich einmal zu ihr kam, mit strahlend dankbarem Gesicht: »Taihen desu! Taihen desu!« (»Aber das ist doch ...!«) Sie dachte wohl, was das für eine Heidenarbeit gewesen sein muß, die Kinder so nett zusammenzubringen.

Der Glanzpunkt der Veranstaltung war zweifellos unser Auftreten mit den merkwürdigen großen Musikinstrumenten. Unser wichtiges Stimmen auf der Bühne, besonders das Brummen des Cellos, erhöhte ihre Spannung noch.

Am Morgen las dann ein Pater zum ersten Male die hl. Messe inmitten der Armut in Mikawashima. Diese Niederlassung soll der Mittelpunkt katholischer Liebestätigkeit in diesem armen, ernsten Stadtviertel werden, wohin die arme Bevölkerung der Hauptstadt hinausgedrängt wird.

Bisher haben wir uns auf die Betreuung der Kinder beschränkt. Sie kommen am Nachmittag, um sich von den Studenten allerlei Nützliches und Märchen erzählen zu lassen, Bücher zu lesen, Spiel und Sport zu betreiben. Am Abend kommen sie wiederum; diesmal mit den Schulbüchern, und lassen sich bei den Schularbeiten helfen. Sie kommen immer gern, und die Studenten können sich ihrer kaum erwehren. Die geplante Armenapotheke und ärztliche Hilfe ist noch in Vorbereitung. Auch ein Kindergarten wurde eingerichtet, wo die Kleinen, die noch nicht in die Schule gehen, über Tag betreut werden, damit die Mütter arbeiten gehen können. Vielleicht kann später diese Arbeit von japanischen Schwestern übernommen werden, deren Kommen noch vorbereitet werden muß.

Wir haben bereits begonnen, alte Sachen, Kleider, Schuhe, Bücher usw. zu sammeln, die wir den Armen geben, oder, um Streitigkeiten zu vermeiden, ganz billig verkaufen. Es werden zu diesem Zweck Säcke hergestellt mit der Auf-

schrift »Jochi Settlement«, die man den befreundeten Familien zuschickt und mit alten Sachen gefüllt zurückbekommt. Diese Sachen werden gereinigt, wenn nötig ausgebessert, und dann finden sie in unserer Niederlassung dankbare Abnehmer.
In nächster Zeit hoffen wir auch den ärmsten der Kinder, die gewöhnlich zu Mittag nichts zu essen bekommen, ein Mittagessen geben zu können. Zu Anfang muß man sich auf einige Tage in der Woche beschränken, später sollte es, wenn möglich, täglich eine Mahlzeit geben. Die Katholiken der Stadt machen es sich allgemein zur Aufgabe, nach Kräften mitzuwirken, um der größten Not in diesem Armenviertel mit wirklich christlicher Nächstenliebe zu steuern. Wenn das Interesse und die Hilfe unserer Freunde in der Heimat hinzukommt, dürfen wir hoffen, daß dieses Unternehmen durch caritative Hilfe den Weg zum Christentum ebnet.

Soziale Betätigung der Studenten

Die sozialen Arbeiten der Studenten haben sich unterdessen weiter entwickelt.
Das Kinderheim: Die Kinder sind nach wie vor gern bei uns. Zweimal in der Woche kommen sie alle am Nachmittag, wo sie mancherlei Unterricht erhalten und Spiel und Sport treiben unter Leitung der Studenten, was die Jungen angeht, während die Mädchen von den Schülerinnen bzw. Lehrerinnen katholischer höherer Mädchenschulen betreut werden. An den übrigen Tagen ist die Bibliothek nachmittags zwei Stunden geöffnet, wo die Kinder Bücher bzw. Zeitschriften lesen können. Die Zeit ist kurz bemessen, da die Erfahrung gezeigt hat, daß die Kinder dabei beaufsichtigt werden müssen. Anfangs hielten wir die Aufsicht nicht für notwendig und glaubten, uns begnügen zu dürfen, gelegentlich mal nachzuschauen. Doch es kamen und kommen auch Kinder, die noch nicht lesen können. Diese aber fanden eine besondere und interessante Benutzung der Bibliothek darin, alle Bücher, an die sie reichen konnten, der Reihe nach aus den Bücherregalen zu werfen und im ganzen Raum auf den Matten herumzustreuen. Um übrigens Irrtümern über die Kostbarkeiten unserer Bücherei vorzubeugen, sei hier bemerkt, daß man sie nicht mit einer Borromäusbibliothek vergleichen kann. Wir lassen uns unsere Bücher alle schenken, es sind daher zum weitaus größten Teil alte Zeitschriften, die Kinder wohlhabender Leute, nachdem sie sie gelesen haben, uns geben, anstatt sie wegzuwerfen. Für unsere Kinder sind sie dann immer noch neu; wenn sie aber von uns genug gelesen und zerlesen sind, dann sammeln wir wieder »neue« alte Zeitschriften und wechseln sie gegen die früheren aus. Um uns dieser letzten zu entledigen, verkaufen wir sie im Viererpack an die Kinder für einen Pfennig. Wir werden sie reißend los.
Ausflüge und Filme: Sie sind eine nicht jede Woche wiederkehrende Abwechslung, die wir den Kindern bieten können. Die Ausflüge werden gelegentlich und gruppenweise gemacht. Einen 16 mm Schmalfilm können wir einmal im Monat zeigen. Die Filme leihen wir und führen sie mit eigenem Apparat vor. Dazu kommen natürlich alle Kinder. Eine große Schwierigkeit ist dabei immer die Raumknappheit. Wir können keinen größeren Raum in der Umgebung mieten, da es keinen gibt außer der Schule, wo man sich wohl nicht mit Unrecht dagegen sträubt. So müssen wir den größten Raum des Settlements nehmen, doch dieser ist verhältnismäßig klein und dann so überfüllt mit Kindern, so daß auf einen m^2 wohl acht hocken oder noch mehr stehen, daß so eine Vorstellung geradezu lebensgefährlich wird, wenigstens für die kleineren Kinder. Diese Vorstellungen sind natürlich frei, und daher kommen auch Kinder, die sonst nicht oder nur selten zu uns kommen. Wir werden uns wegen der Raumknappheit entschließen müssen, Eintrittskarten kostenlos auszugeben, und zwar nur an solche Kinder, die auch bei anderen Gelegenheiten, wie z. B. beim Unterricht, regelmäßig erscheinen. Was ja auch für unsere erzieherischen Zwecke manches für sich haben dürfte.
Wie im letzten Jahr, so haben wir auch im Sommer 1933 einen Großteil unserer Kinder in die Sommerfrische geführt.
33 Mädchen gegenüber 12 im letzten Sommer, fanden Unterkunft im sog. »Yamatogakuen«, einer Privat-Mädchenschule, die vor einigen Jahren von einer katholischen Japanerin gegründet wurde. Die Schule liegt eine Stunde Bahnfahrt von Tokyo entfernt in schöner, gesunder Gegend. Die Sorge für die Kinder

hatte der katholische Frauenverein Tokyos übernommen.
Die Jungen, 46 an der Zahl, zogen unter der Obhut der Studenten für eine Woche in die Berge. Wir fanden Unterkunft in einem Buddhatempel. Durch Vermittlung eines Katholiken am Orte und des dortigen Schulrektors hatte ein Bonze, in dessen Obhut der Tempel steht, zugesagt. Ein soziales Werk wie das Settlement würde er gern unterstützen, wenn er sich auch nicht zur Religion seiner Leiter bekenne. Wir schliefen alle zusammen im Tempel selbst, nur die »Apsis«, wo der Buddha-Altar stand, blieb frei. Über Tag waren wir natürlich meistens im Freien, namentlich im nahen Fluß, der auf die Jungen bei der Julihitze große Anziehungskraft ausübte. Aber auch die Berge boten ihnen bisher ungekannte Freuden. Der Lehrer des Ortes stellte uns auch Aula und Spielplatz der Schule zur Verfügung. So konnten wir für die Kinder des Ortes einige kleine Theaterstücke spielen und mit ihnen ein Sportfest veranstalten.
Um 5 Uhr standen alle auf. Es folgten Freiübungen nach dem Grammophon als Radioersatz. Im japanischen Radio fehlen an keinem Morgen die Freiübungen, die durch Musik und Kommandos geleitet werden. Danach ging's zum Waschen an den Fluß. Darauf Antreten und Hissen der japanischen Flagge unter dem Gesang der Nationalhymne. Der Vormittag verging mit Spiel, Arbeit und Schwimmen. Am Nachmittag wechselte stets das Programm. Abends 20 Uhr ging man nach einigen Radioübungen schlafen.
So gingen die schönen Tage schnell vorüber. Am Vorabend der Heimreise hatte der Bonze die Freundlichkeit, den Pater, die Studenten und die Köche, die uns das Seminar gestellt hatte, zu Tee und Kuchen einzuladen. Er lobte die soziale Arbeit der Studenten. Da diese alle Katholiken waren, kamen manche religiöse Fragen zur Sprache, die natürlich mit großem gegenseitigen Interesse behandelt wurden. Fehlt es doch auch im Buddhismus nicht an Parallelen zum Christentum. Wir luden den Bonzen, der übrigens allem Anschein nach ein wissenschaftlich durchaus gebildeter Vertreter seiner Sekte war, herzlich ein, uns einmal im Settlement zu besuchen, was er auch gerne tun wollte.
Am folgenden Morgen gab es ein großes Tempelreinigen und Packen für die Heimreise. Nach dem Mittagessen ging es zur Bahn. Der freundliche Bonze ließ es sich trotz der großen Hitze nicht nehmen, uns zu begleiten. Nach zweistündiger Fahrt kehrten wir glücklich heim. Alle waren frohen Mutes und voll des Dankes für die schönen Tage in den Bergen.

Gottesdienst am Sonntag: Da es sich herausgestellt hat, daß sich in der Umgebung einige katholische Familien befinden, die aber, weil ihre Pfarrkirche zu weit entfernt ist, nur selten zur hl. Messe gehen konnten, haben wir angefangen, im Settlement in einem Zimmer sonntags Gottesdienst zu halten. Nichtchristen werden dazu noch nicht eingeladen, da es uns dafür noch zu früh scheint. Die Katholiken sind sehr froh, daß sie nun so leicht einer Sonntagsmesse beiwohnen können. Bei der Gelegenheit bekommen ihre Kinder Katechismusunterricht, den sie bisher, außer einigen Belehrungen von seiten der Mutter zu Hause, hatten entbehren müssen, so daß manche von ihnen noch nicht zur ersten hl. Kommunion gehen konnten, obwohl sie das sonst dafür erforderliche Alter überschritten hatten.

Ausbau des Jochi Settlement

Am 15. Mai 1933 gelang es nach vielen Verhandlungen, in der Nähe der bisher benutzten Mietshäuser einen für uns günstigen Platz zu erwerben. Der Platz ist so groß, daß nach Errichtung der notwendigen Gebäude noch ein schöner Spielplatz übrig bleiben wird. Der Preis betrug 11 000 Yen. Davon wurden jedoch erst 4000 Yen bezahlt, während das übrige geliehen wurde und allmählich abgetragen werden soll.
Wir setzen vorläufig die Arbeiten in ein paar Baracken fort, die auf dem Platze stehen und für die Benutzung hergerichtet wurden, soweit es ging. Es muß aber bald ein Neubau errichtet werden. Die Pläne für den Neubau liegen schon fertig, sie sollen uns vorläufig noch dazu dienen, die notwendigen finanziellen Mittel aufzubringen. Je nach dem Erfolg unserer Werbetätigkeit soll der Neubau gleich ganz oder erst teilweise ausgeführt werden. Der Bau wird, abgesehen von Inneneinrichtungen, auf 12 000 Yen kommen, falls wir ihn in bescheidener japanischer Art (Holzbau) ausführen. Im Bauplan ist besonders Wert gelegt auf gute Ausstattung der ärztlichen Hilfestelle; Untersuchungszimmer, kleines Operationszimmer, Raum für den Zahnarzt, Wartezimmer mit einem kleinen Raum für besonders schwierige Fälle sind vorgesehen. Auch ein Zimmer für Studienzwecke der Ärzte, bzw. Medizinstudenten soll eingerichtet werden. Die ärztliche Hilfsstelle sowie die Büroräume, Küche und dgl. befinden sich im Erdgeschoß. Davon durch einen Quergang getrennt, soll das Erdgeschoß ebenfalls einen größeren Saal, drei Unterrichtszimmer und einen kleinen Bibliotheksraum bergen für Kinderaufbewahrungsstätte, Kinderheim der schulpflichtigen Kinder und Abendschule. Im ersten Stock soll außer Wohnräumen auch eine kleine Kapelle eingerichtet werden. Auch eine zeitweilige Schwesternwohnung ist vorgesehen. Wir erhoffen nämlich für die Kinderaufbewahrungsstätte, daß wir Assistenz der Ärzte und für Hausbesuche Hilfe von einer japanischen Schwesternkongregation bekommen. Wenn eben möglich, möchten wir noch diesen Herbst mit dem Bau beginnen.
Eine ganz neue Errungenschaft ist in der Settlementsarbeit die Haarschneidehilfe. In einem Friseurgeschäft in der Nähe der katholischen Universität haben sich 7 Gehilfen bereit erklärt, an einem ihrer freien Tage jeden Monat zusammen ins Settlement zu kommen, um dort den Kindern gratis das Haar zu schneiden. Für arme Kinder bedeutet das eine große Ersparnis.
Für junge Arbeiter haben wir am 1. Mai eine Abendschule eröffnet, deren Unterricht hauptsächlich Professoren und Studenten der Universität übernahmen.
Der Settlements-Hilfsverein unserer Studenten hat sich fester organisiert. Durch die opferfreudige Mitarbeit eines unserer japanischen Professoren verspricht er eine immer wirksamere Hilfe zu werden.
Allmählich gelingt es auch, eine Verbindung zwischen Kindern reicher Leute und denen armer Proletarier herzustellen. Die Kinder reicher Eltern schicken Geschenke, unterhalten Briefwechsel mit den Armen und besuchen uns auch zuweilen im Settlement...
Im Settlement besteht schließlich eine Beratungsstelle für Fragen aller Art, seien sie weltlicher oder religiöser Natur. Sehr erwünscht und auch bereits in Aussicht genommen ist eine Beratungsstelle für Rechtsfragen, wofür natürlich ein Rechtskundiger notwendig ist.
Mit Rücksicht auf die praktische Arbeit und die

Erweiterung der Fachkenntnis der Studenten richteten wir in unserem Settlement eine Forschungsabteilung für Gesellschaftskunde ein. Sie dient dem Studium der Verhältnisse der Armen, der sozialen Gesetzgebung und Fürsorgeeinrichtungen, überhaupt alles dessen, was mit der sozialen Arbeit in Beziehung steht. Eine kleine Handbücherei ist im Entstehen begriffen. Herren vom Wohlfahrtsamt im Innenministerium haben sich erboten, gelegentlich herzukommen und Anleitung zu geben. Bisher ist diese Forschungsabteilung noch sehr in den Anfängen, da alle zu sehr mit vielseitigen praktischen Arbeiten beschäftigt sind. Doch ist zu erhoffen, daß die Zahl der Helfer, namentlich der Studenten, wächst, so daß auch dafür mehr Zeit erübrigt werden kann. Hier wäre es möglich, wertvolle Unterlagen für praktische und wissenschaftliche Veröffentlichungen zu sammeln, die auch bereits in Aussicht genommen sind. Ein noch weitergehender Plan ist die Gründung einer eigenen Abteilung an der Jochi Daigaku zur Ausbildung sozialer Arbeiter, wie sie in Europa und Amerika bereits bestehen, in Japan aber noch nicht über die Anfänge hinausgekommen sind.

Vermittlung, 1936

»Guten Abend, Herr Kakutani! Schön, daß Sie auch mal wieder ins Settlement kommen.« Kakutani war früher in China und verkaufte Opium. Als gebrochener Mann kam er nach Japan zurück. Sein Sohn war schon 11 Jahre alt, als ihm durch unsere Vermittlung der Schulbesuch ermöglicht wurde. Doch nur für kurze Zeit. Sein Vater vermochte ihn nicht zu ernähren, und so zwang ihn die Not zur Arbeit. Während der Junge durch seiner Hände Arbeit für sich selber sorgt, kommt der Vater ab und zu, um sich bei uns unentgeltlich Arznei zu holen. Er möchte gern auch heute wieder im Katechismus unterrichtet werden, aber er muß nach Hause zurück. Sein ›Zuhause‹ ist ein elender Raum von 3 m Durchmesser, den er mit noch zwei andern Männern bewohnt. Durch Sammeln und Wiederverkauf von tausend alten Gegenständen verdient er sich einen kargen Lebensunterhalt. Die drei Stubenmänner teilen sich in die häusliche Arbeit, halten die Wohnung rein und besorgen das Kochen. Wenn aber unser Freund Kakutani abends zu spät nach Hause kommt, schelten ihn seine Kamera-

den. Da er leidend und schwach ist, muß er seine Sammelarbeit nach der Witterung einrichten. Somit ist ein regelmäßiger Unterricht in seiner Wohnung nicht möglich, wie es bei vielen andern der Fall ist. Doch ab und zu treffen wir ihn irgendwo an und benützen die Gelegenheit, ihm ein Stück Religion mit auf den Weg zu geben, was eben möglich ist.

Ein Anderer. Noch bevor ich ins Haus eintrete, kommt er mir entgegen. In Eile springt er auf mich zu, wirft sich auf die Knie, gleich, ob auf der Straße oder innerhalb des Hauses. Kaum sind wir an der Schwelle, bemüht er sich auch schon, mir die Schuhe auszuziehen, ehe ich selber noch daran denke. Dieser »andere« ist ein schwachsinniger Knabe von 13 Jahren. Lernen kann er nicht; aber seine Eigenart, sich der Kalendertage zu erinnern, ist erstaunlich. Wehe dem Abreißkalender in unserem Settlement, der einmal mit dem betreffenden Tage nicht übereinstimmt! Voller Zorn stürzt er auf den Kalender zu und reißt wütend die Blätter ab, deren Tage der Vergangenheit angehören. Zuhause aber weiß er sich in mancherlei Weise nützlich zu machen. Seiner blinden Mutter ist er ein zuverlässiger Führer. Beide kommen öfters ins Settlement, denn die kranke Mutter braucht Medizin. Der Junge führt sie an der Hand; es ist rührend, sie beisammen zu sehen. Vor nicht langer Zeit wurde der Knabe mit Erlaubnis der Mutter bei uns getauft. Und seither vergeht kein Morgen, wo er nicht bei uns in der Messe zugegen ist. Zuweilen macht sein Schwachsinn sich auch in der Kapelle bemerkbar. So kann es z. B. vorkommen, daß er plötzlich zum Meßdiener springt, ihn energisch am Ärmel zupft, um ihn daran zu erinnern, daß er dem Priester rechtzeitig das Kniekissen hinlegt. Aber die Andächtigen kennen ihn und nehmen daran keinen Anstoß. Der regelmäßige Kirchenbesuch dieses armen Menschenkindes läßt mich ahnen, daß auch in ihm sich die Sehnsucht nach dem Ewigen offenbart.

Seine ältere Schwester wurde vor einundeinhalb Jahren in schwerer Krankheit getauft. An ihrem Sterbebett stand ein junger Mann, der sie hatte heiraten wollen. Während der Taufe brach er in Tränen aus und bat noch am selben Tage, selbst die Taufe empfangen zu dürfen. Er lernte fast allein den Katechismus; und auch ihm haben wir in diesem Jahre die Taufe gespendet.

Und wieder ein Anderer. Von Religion wollte er nichts wissen. Doch klagte er eines Tages, wie gewisse buddhistische Sekten es mit der Religion halten. »Sie geben den Kranken schmutziges Wasser zu trinken und versprechen, sie dadurch von Krankheit zu heilen. Sie beten auch für die Kranken, aber es kostet Geld und hilft nicht. Soll man da noch Achtung vor der Religion haben? So dachte ich, bis ich die katholische Religion kennenlernte. Jetzt aber verlange ich, ein religiöser Mensch zu werden ...« In seiner Familie gab es viel Leid und Not. Er selbst litt an einer Darmkrankheit und mußte operiert werden. Da er im Krankenhaus nicht zahlen konnte, schickte man ihn nach der Operation schnellstens nach Hause zu seinem kranken, arbeitsunfähigen Vater. Von seinen drei Geschwistern war der jüngste Bruder lungenkrank. So fiel der Mutter das bittere Los zu, durch Näharbeiten für alle das Nötigste herbeizuschaffen. Die Lage war verzweifelt. Eines der Kinder nahmen wir auf in unseren Settlement-Kindergarten und gaben ihm Mittagessen. Es aß aber nur die Hälfte, um den Rest mit nach Hause zu nehmen. Dem Lungenkranken vermittelten wir Aufnahme in eine Lungenheilanstalt. Aus unserer Armenküche erhielt später die Familie regelmäßig Speisen zugeteilt. Sobald der älteste Sohn des Hauses sich einigermaßen von der Operation erholt hatte und gehen konnte, kam er voll Dankbarkeit für all das Gute, was seine Familie vom Settlement empfangen hatte, gleich zu uns. Jetzt nimmt er Religionsunterricht und kommt jeden Sonntag zur hl. Messe.

Schon um 6 Uhr sehe ich jeden Morgen ein Mädchen in unserer Kapelle zur hl. Kommunion gehen. Es wurde mit ihrer Mutter und der jüngeren Schwester zu Pfingsten getauft. Die Mutter hatte schon seit dem letzten Herbst Unterricht bekommen und verlangte sehr, schon Ostern getauft zu werden. Da mußte sie auf einmal den Unterricht aufgeben. Was war geschehen? Bei einem großen Unwetter war der Großvater, der seit Jahren verschollen gewesen war, zusammengebrochen und von der Polizei aufgefunden und ins Haus gebracht worden. So lag der Arme nun krank darnieder und war im Kopf auch etwas durcheinander. In seinem Delirium warf er gelegentlich mit Teetassen um sich und wurde den Umstehenden gefährlich. Selbst von den Nachbarn wurde er gefürchtet. Die Mutter sah sich genötigt, Wache zu halten. Das war der Grund, weshalb sie den Katechismusunterricht zeitweilig aufgeben mußte. Um der Frau zu helfen, bemühten wir uns – leider vergebens – dem alten Mann irgendwo eine Freistelle in einem Krankenhaus zu verschaffen. Glücklicherweise besserte sich sein Zustand ziemlich schnell. Man führte ihn zu uns ins Settlement, wo die Kapelle sein Lieblingsort wurde. Auch er wünschte bald unsere Religion kennenzulernen und wurde unterrichtet. Ihm wurde die Taufe unversehens schnell gespendet. Eines Tages, als er aus der Kapelle heimkam, fiel er die Treppe hinunter, so daß wir um ihn bangten und ihn sogleich tauften. Kaum hatte er sich zu Hause etwas erholt, da schleppte er sich, obwohl fast blind, schon wieder zu uns herüber. Oft sehe ich ihn auf den Strohmatten im Wartezimmer der Kranken liegen – unser Settlement ist fast sein Heim geworden –, der Stunde des ewigen Lohnes harrend.

Noch viele Beispiele ähnlicher Art ließen sich erzählen. Seit Anfang dieses Jahres hatten wir 23 Taufen; meistens Erwachsene. Sieben davon wurden in schwerer Krankheit getauft und starben als Katholiken. Außer den Kindern, die recht zahlreich sind, werden 15 Erwachsene, darunter 6 Familienmütter und 3 Väter in der Religion unterrichtet. Viele andere müssen auf regelmäßigen Unterricht verzichten, weil die Armut sie zwingt, die Gelegenheit zur Arbeit auszunützen, sooft sie sich bietet. Um Frauen Katechismusunterricht zu erteilen, haben wir eigens eine Katechistin angestellt, die sie in ihren Häusern aufsucht.

Weihnachten 1936 waren es nun fünf Jahre her, seit wir zum ersten Male im Settlement, damals einem kleinen Mietshaus, die hl. Messe feierten. Es war Mitternacht. Nur einige Studenten waren zugegen. Wir mußten den Gottesdienst seinerzeit aus Rücksicht auf die Nachbarn geheimhalten. Und nach fünf Jahren war die heilige Christnacht für viele Bewohner unserer Nachbarschaft das Ereignis des ganzen Jahres. Alle kamen und wollten von dem neugeborenen Kinde hören, das uns und ihnen die Liebe brachte.

Jochi Settlement 1939

Ich habe als Missionsoberer bis 1939 das Settlement geleitet und siedelte dann nach meiner Auslandsreise und Rückkehr aus Europa nach Hiroshima über (s. Foto S. 36). Pater Alois Michel hat

die Fortführung der Arbeiten im Settlement übernommen. Dies bietet uns eine willkommene Gelegenheit, über den derzeitigen Stand unserer Fürsorgetätigkeit zu unterrichten.
Jeden Morgen erscheinen etwa 120 kleine Kinder und werden von Kindergärtnerinnen betreut, während Vater und Mutter beschäftigt sind, den kargen Lebensunterhalt zu verdienen. Eine andere Helferin nimmt sich der ganz Kleinen an. Die bedürftigsten Kinder erhalten zusammen mit Volksschulkindern ein warmes Mittagessen. Von 3 Uhr ab erschienen abwechselnd an verschiedenen Tagen Knaben und Mädchen, um von den Studenten bzw. Studentinnen sich in ihren Schularbeiten helfen zu lassen oder zusammenzuspielen und nebenbei auch noch nützliche Lehren zu hören.
Gegen Abend kommen die Kranken der Umgebung zur medizinischen Abteilung, die von Ärzten und Studenten der Keio-Universität betreut wird. Medizin und ärztliche Hilfe wird kostenlos oder gegen ein geringes Entgelt erteilt. Was außerdem den Tag über an Hilfesuchenden mit den verschiedensten Anliegen zum Settlement kommt, läßt sich schwer beschreiben. Allen wird in irgendeiner Weise Hilfe erteilt. Vor allem

können wir die Leute oft genau und direkt an die Stellen und Behörden weisen, die für sie in Betracht kommen. Wissen doch oft die meisten nicht, wie sie Hilfe bekommen können. Unterdessen werden die Familien besucht und dann je nach dem Grad ihrer Bedürftigkeit mit Lebensmitteln und Kleidern unterstützt. Eifrig helfen die Studenten, vor allem alte Kleider zu sammeln. Auch bei unserm Wohltätigkeitskonzert im Mai letzten Jahres in der Stadthalle Tokyos halfen sie eifrig mit, Eintrittskarten zu verkaufen, so daß der Abend ein glänzender Erfolg war. Das Programm für das Konzert hatte der »Veteran europäischer Musik in Japan«, wie er sich nannte, Prof. Junker, aufgestellt und auch die Gesamtleitung unentgeltlich übernommen.

Einige Zahlen aus den letzten 6 Jahren mögen einen Überblick über unsere Arbeiten geben:

Mahlzeiten an arme Kinder:	74 094
Kranke betreut:	16 213
Essen an arme Familien:	4 161
Kinderbesuche:	72 073
Besuche von Volksschülern:	106 625

Unsere Arbeit findet auch Anerkennung und tatkräftige Unterstützung bei den Behörden. Am 11. Februar dieses Jahres, dem Gründungstage des Japanischen Reiches, eines der höchsten Feste hier, erhielten wir ein Diplom über geldliche Beihilfe vom Kaiserlichen Haushalt mit der Aufschrift: »Konpan sono jigyō no oboshimeshi wo motte kin ippu kashi sōrō koto. Ku-naishō.« (Zur Anerkennung wird hiermit ein Geldbetrag übergeben. Kaiserliches Haushaltungsministerium.).
Von der Präfektur, der Stadt Tokyo sowie vom Wohlfahrtsministerium wurde uns ebenfalls Geldunterstützung gegeben.

Die Hauptsache bei all unserer sehr notwendigen Hilfeleistung ist und bleibt die Freundlichkeit der Geber. Liebe und Sympathie ist es vor allem, was diese Menschen verlangen. Wenn man das bei uns findet, fragen sie sich wohl: woher schöpfen unsere Helfer die Kraft zu solch selbstloser Liebestätigkeit? Und so ist es nicht zu verwundern, daß sich manches Herz der Gnade erschließt. Dafür erzähle ich nur ein Beispiel:
Vor etwa 2,5 Jahren kam zu unserer Krankenabteilung ein 14jähriges Mädchen, bleich und ausgezehrt. Diagnose des Arztes: Tuberkulöse Bauchfellentzündung verbunden mit schwerem Herzklappenfehler. Hoffnungslos! Darum dachten wir daran, das Kind auf die Taufe vorzubereiten. Gern gaben Vater und Mutter ihre Zustimmung. Gerade am 8. September, dem Geburtsfest Mariens, empfing unsere gute Keiko-san, so hieß die Kranke, das Sakrament der Wiedergeburt. Überraschend trat nach der Taufe eine Besserung ein, so daß sie bald zur Kapelle kommen und dort ihre erste hl. Kommunion empfangen konnte. Sie war so froh und glücklich, daß die Eltern auch ihren jüngeren Geschwistern erlaubten, sich auf die Taufe vorzubereiten. Die älteste Schwester, unsere Keiko, unterrichtete sich selbst mit Büchern im Glauben weiter und dann ihre jüngeren Geschwister. Leider war Keikos Herzklappenfehler unheilbar, und so dauerte ihre Erholung nicht lange. Daher suchten und fanden wir ein Plätzchen für sie im Hospital der Franziskanerinnen. Langsam wurde ihr Leiden schlimmer und schmerzhafter. Ein Lichtblick für sie war die Taufe der Mutter und ihres Brüderchens am Feste Mariä Himmelfahrt. Der frühere Erzbischof von Tokyo, Mgr. Chambon, spendete ihr die hl. Firmung im Krankenzimmer. Sie hatte auch die besondere Stärkung dieses Sakramen-

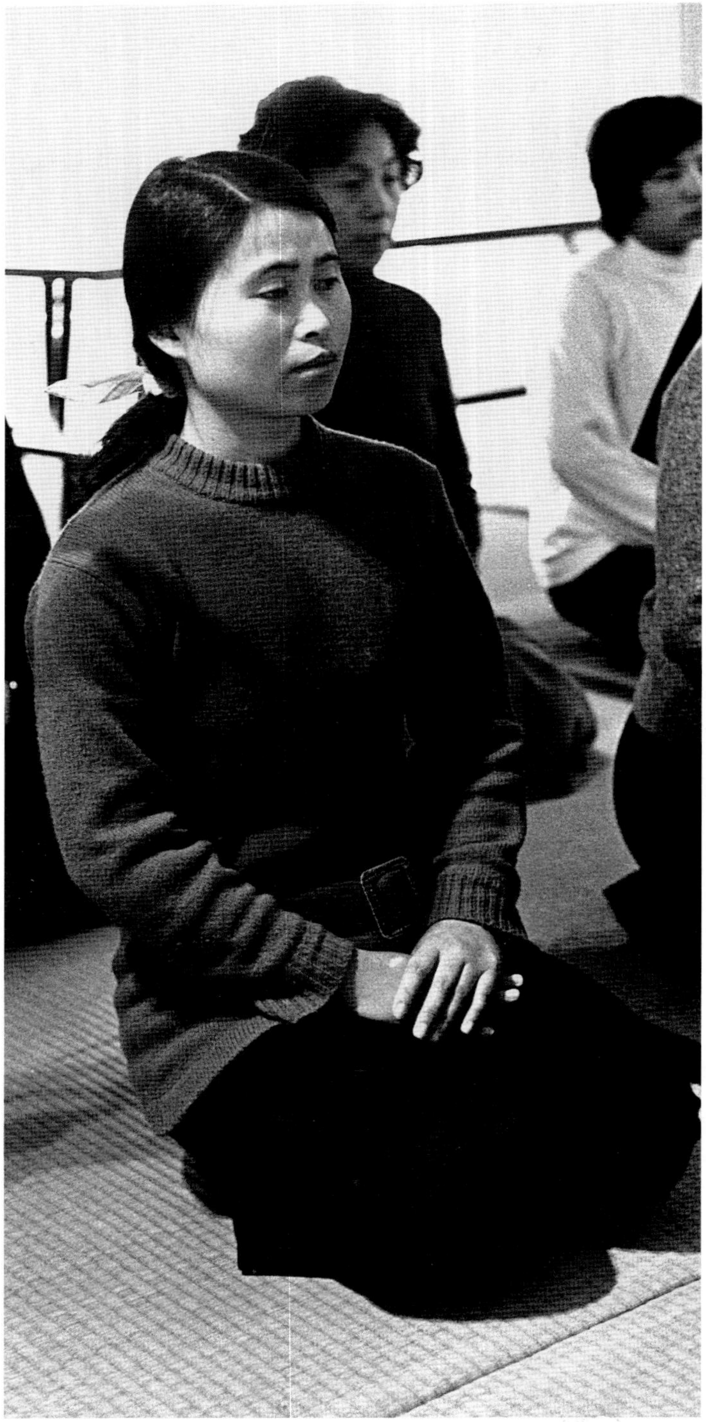

tes nötig in ihren Leiden. Wenn es besonders schlimm wurde, – das Wasser, das aufs Herz drückte, verursachte ihr große Pein – stöhnte sie wohl etwas, sagte aber gleich dabei: »Ich schenke alles unsrem lieben Heiland«. Die Ordensschwester, die schon manche Kranke gesehen hatte, sagte, ein solches Beispiel der Geduld sei ihr bis jetzt selten vorgekommen. Gerade vor einem Jahre im Februar wurde es klar, daß es mit ihr dem Ende zugeht. Am 19. vormittags vermutete die Kranke selbst, daß ihr letztes Stündlein gekommen sei. So ließ sie die Schwester und die Krankenpflegerin rufen, bedankte sich recht herzlich für die ihr erwiesenen Dienste. Dann bat sie ihre Mutter, die bei ihr gewacht hatte, noch einmal um Verzeihung für alles ›Fukō‹ in ihrem Leben. (Fukō heißt Verletzung der Pietät gegen die Eltern). Bis zuletzt bei klarem Bewußtsein, schien sie ihre letzte Stunde zu ahnen und sagte: »Nun sehen die Augen nicht mehr, nun hören die Ohren nicht mehr, nun kann ich nicht mehr sprechen, das ist das Ende«. Mit diesen Worten gab sie ihre reine Seele dem Schöpfer zurück. Die Mutter empfand wohl großen Schmerz über den Tod ihrer Tochter, aber, so sagte sie mir: »Ihr so schöner Heimgang war ein ungemein großer Trost für mich, und ich empfinde keinerlei Bitterkeit, sondern, im Gegenteil, eine gewisse Freude in meinem Herzen«. An einem sonnigen, klaren Februartag fand Keiko-san auf unserm katholischen Friedhof ihre letzte Ruhestatt.

Im Sommer nahmen wir ihre drei Schwestern mit ins Sommerlager. Plötzlich erreichte uns wie aus heiterem Himmel ein Telegramm: »Yoshihisa an der Ruhr gestorben. Sofort zurück!« Yoshihisa war ihr kleiner Bruder. Schonend mußte die Nachricht den überraschten Geschwistern beigebracht werden. Was wird nun mit

der armen Mutter geschehen? Wird ihr Glaube dieser Prüfung standhalten? Sie war ergeben in Gottes Willen, und doch hatte der Herrgott in einem halben Jahre zwei ihrer Kinder heimgeholt, und zwar auch den einzigen Sohn. Was das für eine japanische Familie bedeutet, kann man nur hier im Lande des Ahnenkultes ganz begreifen.

Die beste Empfehlung für die Kirche

Die Werke der christlichen Liebe sind eine gute Empfehlung für die katholische Kirche. Sie zeigen, daß in dieser Religion große Kraft, Liebe und Selbstlosigkeit wohnt. Schon oft haben amtliche Vertreter geäußert, es fehle in ihren Werken der Geist, wie wir ihn hätten. In diesem Sinne dürfte auch das Settlement sein Scherflein zur Ausbreitung des Reiches Gottes beitragen. Die Wirkung auf die Armen, die wir betreuen, ist auch in religiöser Beziehung recht günstig. Zwar üben wir nicht den geringsten Zwang aus und helfen den Leuten ganz unabhängig von deren Einstellung zur katholischen Kirche. Aber sie fühlen sich hingezogen zu einer Religion, die sich ihnen so klar als eine Religion der Liebe zeigt. So wird, wie schon seit den Urzeiten des Christentums, die Liebe die Wegbereiterin des katholischen Glaubens. Wir haben eine ganze Menge Kinder, die mit Erlaubnis der Eltern den Katechismus studieren. Einige konnten schon getauft werden. Auch unter den Erwachsenen finden sich manche, namentlich einige Familienväter, die nach dem Unterricht im katholischen Glauben verlangen. Doch bildet oft die Unregelmäßigkeit der Arbeit eine Schwierigkeit für die religiöse Unterweisung. Einige verrichten bereits mit ihren Familien zu Hause gemeinsam das Abendgebet, obwohl sie noch wenig vom Katechismus wissen, geschweige denn getauft sind. Im Laufe der Jahre darf man gewiß unter dieser Bevölkerung auf eine reiche Missionsernte rechnen, indem man die besondere Prägung der Japaner durch ihre Kultur, vor allem durch das Zen, in der Missionsarbeit berücksichtigt.

III
Berührungen mit Zen

Vorgeschichte

Durch die Beschäftigung mit dem Zen habe ich mit dem Sitzen im Sinne des Zen schon in Holland während des Studiums angefangen, und zwar zunächst in dem gewöhnlichen Hock- bzw. Fersensitz. Den Lotus-Sitz habe ich dann erst in Japan gelernt. Sobald ich nach Japan kam, habe ich Kontakt mit der bekannten Zen-Sekte »Soto« aufgenommen. Da habe ich auch die ersten Zen-Meister kennengelernt. In meinem Buch »Zen – Weg zur Erleuchtung« ist sogar einer dieser ersten Meister, Watanabe Genshū, abgebildet. Er hat mich ganz am Anfang in der Sōtō-Schule in Yokohama als Zen-Meister geführt.

Dann kam der Krieg dazwischen.
Während des Krieges habe ich auch in der Nähe von Hiroshima Kontakte mit den Zen-Leuten gehabt. In der Nähe von Hiroshima war ein Zen-Meister in einem Tempel, um den sich ein Kreis von Zen-Leuten gesammelt hat, wo ich auch hingegangen bin. Das dauerte aber nicht lange, es wurde immer schlimmer um die Stadt Hiroshima, die eine wichtige Verbindungsstadt während des Krieges war. Auch früher war Hiroshima immer eine wichtige Stadt für Japan. Der Rinzai-Tempel in der Nähe von Hiroshima hat auch seinen Wirkungskreis in der Stadt selbst. Diese Gruppe kam regelmäßig zusammen, um zu meditieren. Das hat aber, wie gesagt nicht lange gedauert, Hiroshima war brechend voll von Soldaten.
Elliot, ein früherer englischer Botschafter in Japan, schreibt in seinem Buch »Buddhismus in Japan«, daß der Zen-Buddhismus mehr als irgendetwas anderes die japanische Mentalität geformt habe. Verständnis der Mentalität des Volkes, zumal wenn es sich um ein Kulturvolk wie das japanische handelt, ist eine wesentliche Vorbedingung für eine fruchtbare Tätigkeit.
Die Lesung der im Ausland weithin verbreiteten Bücher von T. D. Suzuki, besonders jenes über »Japanische Kultur und Zen-Buddhismus«, hat mir die Bemerkung Elliots nur bestätigt. In diesem Buch ist klar dargelegt, daß die in Japan soviel verbreiteten »Do's« oder »Wege« wie der bekannte Weg des Tee, gewöhnlich Tee-Zeremonie genannt, der Weg des Schreibens, der Blumen, des Schwertfechtens, Bogenschießens und des berufsmäßigen Tänzers mit ihrer Lebensphilosophie alle volkstümliche Ableger des Zen-Buddhismus sind. Sie sind gewissermaßen ein Ersatz für die Meditation, die nicht allen zugänglich ist, oder nur in geringem Maße.

In Hiroshima fand ich auch seit 1939 Gelegenheit, mit Universitätsprofessoren, die im Zen theoretisch und praktisch bewandert waren, über Zen zu sprechen. Sie empfahlen mir verschiedene Bücher, rieten aber gleichzeitig dringend, einmal in einem Tempel oder Kloster das sogenannte Sesshin – nennen wir es Zen-Exerzitien – mitzumachen. Das sei notwendig, um die Bücher mit Gewinn lesen zu können, und außerdem sei Zen vor allem Praxis und nicht Theorie. Von da ab suchte ich eine Gelegenheit, solche Exerzitien mitzumachen. Gleichzeitig suchte ich mich durch Übung der bei der Meditation vorgeschriebenen Körperhaltung, die man ohne Vorbereitung nicht ohne große Schmerzen mehr als 10 Minuten ertragen kann, vorzubereiten. Dennoch mußte täglich viele Stunden in dieser Haltung meditiert werden.

Erster Besuch im »Eimeiji«.

Die ersehnte Gelegenheit für das »Sesshin« fand sich in Tsuwando, einem Zen-Tempel oder Kloster, genannt »Eimeiji«. Dieser Tempel schien besonders geeignet, weil sich dort eine Art Noviziat für junge Leute, die später Bonzen werden wollten, befand. Tsuwano ist eine kleine Stadt in der Provinz Shimane, idyllisch in einem schönen Bergtal gelegen. Schon seit vielen Jahren befand sich dort eine Missionsstation, der freilich nur wenige Gläubige angehörten. Entsprechend der japanischen Höflichkeit ging ich nicht gleich selbst zum Tempel, sondern schickte den Katechisten der Station und ließ fragen, ob ich den Bonzen dort einmal sprechen könnte. Dieser willigte sofort ein und lud mich ein zu kommen. Ich wurde sehr freundlich empfangen von dem sehr asketisch aussehenden 65jährigen Bonzen und Novizen-Meister. Wie sich im Laufe des Gespräches herausstellte, war ich nicht der erste Missionar, den der Bonze kennenlernte. Er erzählte mir nämlich, daß er den alten französischen Père Villon, der vor vielen Jahren diese Gegend durchreiste, gut gekannt habe. Sooft P. Villon nach Tsuwano kam, hätte er ihm, dem Bonzen, einen Besuch gemacht.

Wir sprachen über dieses und jenes. Wie immer bei solchen Gesprächen kam die Frage auf die Frau und die Kinder. Als ich ihm erklärte, daß die katholischen Priester dem Zölibat verpflichtet seien, zeigte er sich gar nicht so überrascht wie es sonst die Leute tun, wenn sie zum ersten Mal davon hören. Er sagte gleich: »Früher war es bei uns auch so, aber jetzt erlaubt man uns zu heiraten« und er fügte hinzu, das sei ja auch wohl besser für das Apostolat. Ich dachte bei mir: Was meint er wohl damit? Aber die nächste Frage erklärte diese Bemerkung, nämlich: »Kommen denn auch die Frauen zur Kirche, obwohl die Missionare nicht verheiratet sind?«

Dies sollte offenbar andeuten, daß es besser für den Ruf des Priesters sei, wenn er verheiratet sei, als unverheiratet in den Verdacht zu kommen, daß er auf andere Weise einen natürlichen Ausgleich finde. Daß man im allgemeinen in Japan in dieser Beziehung sehr mißtrauisch ist, wußte ich, auch daß Leute, die die katholische Kirche noch gar nicht kennen, dieses Mißtrauen auf die Missionare ausdehnen. Aber daß man einem Bonzen, der doch Diener der Religion der meisten Leute ist, nicht traut, wenn er allein steht ohne Familie, war für mich überraschend. Später habe ich oft von buddhistischen Gläubigen und auch von Bonzen selbst gehört, daß die Bonzen nicht mehr sind, was sie sein sollten und einst gewesen seien. Jedenfalls kann man sagen, daß es von daher besser ist, daß sie heute meistens verheiratet sind. Freilich gibt es auch heute noch einige Bonzen, die unverheiratet leben und hoch geachtet werden.
Nachdem wir noch über mancherlei Dinge gesprochen hatten, offenbarte ich dem Bonzen mein Verlangen, einmal die Zen-Exerzitien mitzumachen. Er war sofort einverstanden und sagte: »Im Februar haben wir die Exerzitien für die Novizen, da können Sie mitmachen.« Er fügte noch hinzu, es würde sehr kalt sein. Das habe ich später auch bestätigt gefunden; denn Öfen gab es nicht und in den Tempel drang kein Sonnenstrahl, wenigstens nicht dort, wo ich wohnte. Der Bonze erklärte mir nun die Tagesordnung, die während der Exerzitien zu beobachten sei. Die Hauptsache war die Meditation. Darauf wurden etwa 10 Stunden am Tage verwandt, immer in der schmerzlichen indischen Lotus-Meditationsstellung, d. h. man schlägt die Beine so vor sich übereinander, daß der rechte Fuß auf dem linken Oberschenkel ruht und der linke Fuß auf dem rechten Oberschenkel. Als Erleichterung wird jedoch gestattet, daß der zweite Fuß unter – nicht auf – dem anderen Oberschenkel liegt. Beide Beine so zu verschränken ist für einen Europäer schon eher ein Akrobatenkunststück. Wenn man es überhaupt zuwege bringt, so hält man es nur wenige Minuten aus. Für den Schlaf waren in dieser Tagesordnung 7 Stunden vorgesehen. Vielfach ist es aber Sitte, während der Nacht aufzustehen, mit einem Kissen »bewaffnet« in den Garten zu gehen und dort auf einem Stein im Mondenschein zu meditieren. Das wurde diesmal von uns jedoch nicht verlangt. Die noch übrige Zeit des Tages wurde ausgefüllt durch die Mahlzeiten, etwas Erholung und die im allgemeinen sehr gefürchteten Besuche beim Novizenmeister. Diese Besuche sind sehr gefürchtet, weil sie meistens mit Schlägen enden. Noch ein sehr wichtiger Punkt in der Tagesordnung war das heiße Bad, das jeder am Abend nahm; sehr wichtig, nicht nur, weil man darin wenigstens einmal am Tage richtig warm wurde, sondern auch weil dadurch die ausgerenkten Beine wieder geheilt wurden.
Bevor ich den Tempel wieder verließ, zeigte mir der Bonze noch einmal genau die Haltung, die bei der Meditation eingenommen werden muß und ermahnte mich, bis zum Februar tüchtig zu üben, was ich dann auch getan habe. Nach einiger Zeit brachte ich es soweit, daß ich es eine Stunde gut ertragen konnte. Damit fühlte ich mich ziemlich sicher in diesem Punkte. Aber ich sollte mich täuschen.

Zen-Exerzitien 1943

Anfang Februar 1943 – mitten im Kriege – trat ich im Tempel des Ewigen Lichtes – so könnte man Eimeiji übersetzen, als Exerzitant an. Übrigens war ich auf das Schlimmste gefaßt. Denn

abgesehen von der unangenehmen Sitzweise, hatte ich schon viel gehört und gelesen von der Strenge dieser Zen-Klöster. Ist es doch bekannt, daß diejenigen, die dabei einschlafen, mit einem langen Stab auf die Schultern geschlagen werden, daß manchmal der Stab dabei zersplittert. Und dabei muß man sich noch mit tiefer Verbeugung vor und nach den Schlägen bedanken. Umsomehr war ich überrascht, als am Tage meiner Ankunft ein großes Festessen aufgefahren wurde mit Reiswein und vielen typischen Leckerbissen, das ich dann mit dem Bonzen zusammen einnahm. Freilich ging das nicht so weiter. Im Gegenteil! Während der Exerzitien war das Essen, das alle gemeinsam einnahmen, sehr einfach, nämlich sog. Okayu d. h. ganz weich gekochter Reis und Gemüse, kein Fleisch und kein Fisch, noch Brot oder sonst etwas.
So einfach aber das Essen war, es war so gut zubereitet, wie ich es sonst kaum erlebt habe. Ich fand bestätigt, was ich früher gelesen hatte, nämlich, daß in den Zenklöstern größter Wert auf die Zubereitung des im übrigen äußerst einfachen Mahles gelegt wird. Der berühmte Bonze Dōgen, der vor 900 Jahren die Sōtō-Sekte gründete, hat sogar eigens eine kleine Schrift verfaßt über die Gesinnung, die man bei der Zubereitung des Essens haben sollte. Wehe dem Koch, der das Essen nachlässig zubereitet: Er muß darauf gefaßt sein, daß ihn die Klostergemeinde durch Hungerstreik in größte Verlegenheit bringt, oder dadurch, daß die ersten soviel nehmen, daß die letzten nichts mehr mitbekommen, und er die Schande auf sich laden muß, daß er zuwenig gekocht hat. All das vollzieht sich übrigens in tiefstem Schweigen. Die Philosophie, die dem zugrunde liegt, ist wohl die, daß in jedem Korn Reis gewissermaßen das Weltall enthalten ist, und es deswegen mit größter Ehrfurcht zu behandeln ist.
Über den Inhalt der Unterweisungen, sog. Teishōs, etwas zu sagen, ist wohl das schwierigste. Bezeichnend ist, daß kein Wort darüber vor der Meditation verloren wird, worüber meditiert werden soll. Auf das Ertönen des Gongs begeben sich alle in den Meditationsraum und nehmen mit dem Gesicht gegen die Wand, an der sich weder ein Bild noch sonst etwas befindet, was die Eintönigkeit unterbrechen könnte, an der für jeden bestimmten Stelle auf einem runden Kissen Platz, d. h.darauf setzt man sich und schlägt die Beine übereinander, wie ich es schon beschrieben habe. Dabei muß die Wirbelsäule kerzengrade sein. Die Hände legt man vor sich in bestimmter Weise zusammen. Weder spricht jemand ein Wort, noch hört man auch nur den Laut einer Bewegung. So sitzt man da ein oder zwei Stunden. Nur einer geht hinter den Sitzenden herum mit dem gefürchteten Stab in der Hand, um darüber zu wachen, daß keiner einschläft oder sich das Sitzen durch Nachlassen in der Haltung bequemer macht. Erst gegen Ende der Sitzung wird eine kleine Aussprache gehalten, und auch das nur nach einigen Sitzungen. Dabei sieht man aber den Redenden nicht an, sondern man bleibt mit dem Gesicht zur Wand gekehrt. Man hat den Eindruck, daß diese Ansprache sehr unwesentlich ist bei den Exerzitien.
Womit beschäftigt sich der Geist während der Sitzung? Man kann vielleicht sagen: Der Geist soll frei sein von allem Denken im gewöhnlichen Sinne, damit er bereit wird, die »Erleuchtung« zu erfahren. Diese Erleuchtung ist eine neue Art der Erkenntnis, sie ist intuitiv und wird als Wesensschau bezeichnet. Sich eine klare Vorstellung von dieser Schau zu machen, ist nur möglich für den, der sie erlebt. Sie aber in gewöhnlichen Ausdrücken, d. h. allgemein verständlich zu beschreiben, ist auch diesem

unmöglich. Wem diese Schau gegeben ist, der fühlt sich frei und stark, mit allem fertig zu werden. Er bereut nicht die Opfer, die er gebracht hat, um sie zu erlangen, möchten es auch Jahrzehnte der Übung gewesen sein. Es gehört ein großer Glaube und noch größere Ausdauer dazu, sich dieser Meditation hinzugeben, bis die ersehnte Stunde kommt. Andererseits ist aber die Mühe auch nicht vergebens, falls jemand nicht zur vollen Erleuchtung kommt. Die Erfahrung hat gezeigt und zeigt es auch jetzt noch, daß Bonzen, die viele Jahre treu im »Zazen« – so heißt der Fachausdruck dieser Meditation – sind, zu großer innerer Ruhe und Überlegenheit kommen, die sie befähigt, sozusagen mit jeder Situation im Leben fertig zu werden. Und doch ist es kein Quietismus, sondern innere Freiheit und aktive Kraft.

Es wäre noch vieles zu sagen über die »Erleuchtung« und den Weg bis dahin, aber das Gesagte möge genügen, um besser zu verstehen, was wir später unternommen haben, um uns den Bonzen der Soto-Zen-Sekte anzunähern und mit ihr zusammenzuarbeiten.

Davon soll im folgenden die Rede sein.

Arbeitsgemeinschaft mit Bonzen in Hiroshima

Seit meiner ersten Berührung mit dem Zen schien es mir wünschenswert, mit den Bonzen dieser Sekte zusammenzuarbeiten. Doch waren während des Krieges alle öffentlichen religiösen Aktivitäten christlicherseits aussichtslos. Man mußte zufrieden sein, wenn man im Verborgenen noch einigermaßen ungestört wirken konnte.

Am 15. August 1945, ein und ein halbes Jahr nach meinem ersten Experiment in Tsuwano, ging der Krieg zu Ende. Die christliche Religion konnte sich frei betätigen und auf eine neue Blütezeit hoffen, während die japanischen Religionen Shintoismus und Buddhismus sichtlich zurückgingen. Bezeichnend war, was mir bei einem Besuch im Eimeiji jener Bonze sagte, der mich einst in den Zen eingeführt hatte. Ich traf ihn krank auf seiner Strohmatte liegend an. Er litt ernstlich an Herzschwäche. Als ich ihn fragte, wie es mit dem Buddhismus stehe, sagte er lächelnd: »Dem Buddhismus geht es wie mir: Er leidet an Herzschwäche. Jetzt ist die Zeit für den Katholizismus gekommen.« Acht Tage nach meinem Besuch starb der Bonze. Er starb in der Überzeugung, daß es ein Jenseits gibt und daß wir uns im Himmel wiedersehen würden. Die Taufe hat er nicht mehr empfangen, aber Gott wird seiner Seele gnädig gewesen sein.

Bald sah man Anzeichen, daß buddhistische Sekten bei der katholischen Kirche Anschluß suchten. So hat sich z. B. damals die Higashi-Honganji-Sekte angeboten, mit den Katholiken zusammenzuarbeiten. Der Vorschlag wurde jedoch nicht angenommen.

Eines Tages kam ein Bonze der Sōtō-Sekte an die Katholische Universität in Tokyo. Er sagte, er wolle gegen den zunehmend um sich greifenden Materialismus und Kommunismus arbeiten und bat um die Mitarbeit der Patres. Er wolle in einem Tempel eine Anzahl Bonzen versammeln und möchte, daß ihnen ein Pater einen Vortrag halte über Kommunismus aus katholischer Sicht. P. Roggen übernahm diesen Vortrag und fand ein aufmerksames Publikum. Dieser selbe Bonze, namens Rurei Tojo, wurde der Vermittler für unsere Arbeit in Hiroshima mit den dortigen Bonzen derselben Sekte. Er kam auf meine Einladung wiederholt nach Hiroshima

und nach mancherlei Vorbesprechungen wurde dort in einem Tempel derselben Sekte mit 6 Patres und 12 Bonzen die »Shukyo Shiso Koyo Kai«, d. h., »Vereinigung zur Hebung des religiösen Gedankens« gegründet.
Der Zweck dieser Vereinigung war natürlich nicht die Verschmelzung zweier Religionen, sondern unter gegenseitiger Hochschätzung der eigenen Auffassung eine Zusammenarbeit für Verständigung der Religion im allgemeinen und Hebung der Moral des Volkes, die durch den immer mehr um sich greifenden Materialismus und Komunismus zu versinken drohte.
Praktische Betätigung der Vereinigung sollten zunächst Vorträge und Schulungskurse sein. Bei den Vorträgen sollte immer je ein Redner von der Sōtō-Sekte und von der Katholischen Mission auftreten, also ein Bonze und ein Missionar. Vielleicht ist es das erstemal in der Geschichte der Missionen, daß eine solche Vereinigung gegründet wurde. Während Bonzen und christliche Missionare Jahrhunderte hindurch feindlich gegeneinander gestanden hatten, sollten sie jetzt in gemeinsamer Front für die gute Sache kämpfen.
Es wurde alsbald ein Rundbrief aufgesetzt, der

an alle Bonzen der Sōtō-Sekte in der ganzen Provinz Hiroshima geschickt wurde. In diesem Briefe wurde die Gründung der Vereinigung mitgeteilt, der Zweck derselben dargelegt, Themen der geplanten Vorträge und Namen der Redner beiderseits wurden angegeben. Wer solche Vorträge wünschte, solle sich melden. Es wurde noch hinzugefügt, daß alle Kosten, die mit der Veranstaltung der Vorträge einschließlich Unterhalt des Redners verbunden waren, von der Vereinigung getragen würden. Diese Bedingung war notwendig, da viele Tempel gegenwärtig in Not sind und nicht hätten annehmen können, wenn sie die Kosten selbst hätten tragen müssen.

Wie zu erwarten war, kamen nicht nur positive Antworten. Manche waren sofort begeistert. Andere – und das waren viele – trauten dem »Braten« noch nicht. Einige waren ganz dagegen, weil sie aus alten Vorurteilen nicht glauben konnten, daß von »Nazaret« etwas Gutes kommen könnte. Selbst in den Fällen, wo die Bonzen selbst die Vorträge wünschten, war es noch nicht sicher, daß die »Sodai« – bei uns Kirchenvorstand – einverstanden waren. Ohne diese auf seiner Seite zu haben, konnte auch der Bonze nichts mit Erfolg unternehmen. Um also wirklich eine gute Aufnahme zu finden, mußte das Unternehmen noch besser vorbereitet werden.

Die Provinz Hiroshima ist ziemlich ausgedehnt. In ihr befinden sich etwa 300 Tempel der Sōtō-Sekte. Alle auf einmal zu erfassen, wäre nicht möglich gewesen. Wir beschränkten uns daher auf einige Gebiete, wo wir schon Bonzen kannten. Besondern Einfluß hatten jene Tempel, die die Vereinigung mitgegründet hatten. In diese Gebiete machten wir eine Propagandareise mit unserem Jeep. Es ging bis in die entlegensten Bergdörfer. Schon der Anblick eines Jeep war ein Ereignis. Noch höher aber stieg die Begeisterung, wenn die Bonzen mit Frau und Kind ein Stück mitfahren konnten. Kurz, die Propaganda-Reise, die damals Pater Schweitzer während seiner Tertiats-Aushilfe unternahm, war ein glänzender Erfolg. Dazu trug nicht wenig bei, daß der Pater jeweils im Tempel übernachtete und bis tief in die Nacht mit dem Bonzen und seiner Familie plauderte. Persönliche Annäherung ist auch heute noch in Japan ein ganz wesentlicher Faktor im Apostolat. Es wurde gleich vereinbart, wo wir auf der ersten Reise reden sollten. Wir teilten uns in die Arbeit zu drei Patres. Auf seiten der Bonzen sollte vor allem der oben genannte Bonze Tojo reden. Wo dieser verhindert war, sprang ein anderer ein. Von unserer Seite mußte ich die meisten Vorträge halten. Thema meines Vortrags war die Weltreise, die ich nach dem Kriege unternommen hatte. Die Schlußforderung war unbedingte Notwendigkeit der Religion. Überall hörten die Leute mit größter Aufmerksamkeit zu. Für die meisten war es sicher das erste Mal, daß sie einen Missionar reden hörten. Als Versammlungsraum diente an vielen Stellen der Tempel selbst. An anderen Stellen mietete man die Schule oder einen anderen Saal. Die Zahl der Zuhörer betrug an manchen Stellen bis zu tausend. Oft gingen die Fragen und die Diskussionen nach den Vorträgen bis tief in die Nacht hinein. Manchmal konnten die Leute wegen der Feldarbeiten sich erst abends gegen 10 Uhr versammeln und hielten dann bis Mitternacht durch, ungeachtet dessen, daß sie am folgenden Tage wieder früh zur Stelle sein mußten. Es wurden Fragen aller Art gestellt, über die Verhältnisse in Europa, über Kommunismus, und auch über den Buddhismus selbst, nämlich was der Missionar davon halte. Bei manchen Gelegenheiten waren 20 bis 30 Bonzen zugegen, die

eigens ihr Konveniat mit den Vorträgen zusammengelegt hatten. Sie hatten auch vielerlei Fragen und wollten mehr über die katholische Lehre hören.
Über zwei Dinge habe ich mich besonders gewundert bei diesen Reisen. Das eine war die Hochachtung, mit der der Bonze Tojo vor den Leuten von der katholischen Kirche und besonders von den katholischen Priestern sprach. Das andere war die herzliche Aufnahme, die wir in allen Tempeln erfuhren, wo wir übernachteten. Die Gastfreundschaft hätte auf einer Missionsstation nicht größer sein können. Bereitwillig stellte man uns auch einen Raum zur Verfügung, wo wir die hl. Messe lesen konnten.
Im Frühjahr 1951 wurde die erste Tagung mit einer Anzahl Bonzen aus der Provinz in Hiroshima gehalten, sie wurde zur Hälfte in einem Tempel in Hiroshima, zur anderen Hälfte im Noviziatshaus der »Gesellschaft Jesu« gehalten. Dort übernachtete man, und am folgenden Morgen wohnten alle Bonzen der hl. Messe bei. Einer von ihnen, übrigens der Höchste in der Hiroshima Provinz, wohnte sogar drei Messen bei. Bei gemütlichem Zusammensein wurden theologische Fragen wie die Dreifaltigkeit, Gottheit Christi und anderes lange und gründlich diskutiert.

Ausblick

Es ist viel Zeit vergangen, seitdem wir im August 1948 die Arbeitsgemeinschaft mit den Bonzen gegründet haben. Fragen wir uns kurz, was in dieser Zeit geschehen und erreicht worden ist. In den Jahren 1948, 1949 und 1950 wurden, besonders im Frühjahr und Herbst, Vortragsreisen gehalten. Außer der ersten Reise habe ich alle selbst gehalten, da ich bisher keinen dauernden Mitarbeiter erhalten konnte. Auch hier wurde der Mangel an Missionaren spürbar. Aus diesem Grunde konnten wir auch im Jahre 1951 außer der genannten Tagung im Frühjahr nichts unternehmen, obwohl es von seiten der Bonzen sehr gewünscht wurde. Aber der Bau und die Sammlungen für die Friedensgedächtnis-Kirche in Hiroshima haben unsere ganze Kraft in Anspruch genommen. Erfreulich ist jedoch, daß unsere Freunde unter den Bonzen großes Interesse an dem Bau der Friedenskirche zeigten. Schon öfter haben sie den Neubau besucht und warteten mit Verlangen auf die Vollendung des großen Werkes. Auf diese Weise reißt durch die ungewollte Unterbrechung in der Betätigung der Arbeitsgemeinschaft die Verbindung mit den Bonzen nicht ab. Manche der Bonzen helfen uns unter der Landbevölkerung für den Bau der Kirche zu sammeln. Wieweit wir in diesen Jahren einander näher gekommen sind, zeigt auch der Vorschlag einiger Bonzen, geeignete unter ihnen zu bestimmen als »Katechisten« zur Förderung der katholischen Religion. Das mag paradox erscheinen und auch sein, aber es zeigt die wohlwollende Gesinnung dieser Bonzen. Mit einem Wort: Das Eis ist gebrochen. Das ist das wichtigste Ergebnis dieser vier Jahre. Jetzt müßte der Einsatz gemacht werden. Mit großer Diskretion muß weiterhin vorangegangen werden. Aber der Erfolg kann nicht ausbleiben, wenn auf dieser Linie weiter gearbeitet wird.

Zen-Exerzitien, 1956

Intensive Zazen-Übungen (buddhistische Exerzitien) habe ich im Hosshinji-Tempel in der Stadt Obama mitgemacht. Über diese Erfahrungen will ich nun berichten.

Bei der Ankunft am Vorabend erhielt ich drei kleine Schalen und ein Paar Stäbchen. Das war das Eßgeschirr für die Zeit der Exerzitien. Am folgenden Morgen um 3 Uhr wurde geweckt. Nach dem Waschen folgten die Freiübungen, und um 3.30 begann die erste Meditation.
Dazu begab man sich in die *Zazen-Halle:* Die Halle hat eine Länge von 11 m und eine Breite von 5,5 m. An allen vier Wänden, außer den Eingängen, ist der Fußboden um 70 cm erhöht in einer Tiefe von 2 m von der Wand her. Auf dem erhöhten Teil liegen Strohmatten, wie man sie gewöhnlich in japanischen Zimmern benutzt. Im übrigen ist der Fußboden von einer Art Estrich, auf dem man geräuschlos gehen kann. Die Halle wird stets im Halbdunkel gehalten, was bei Tag durch die japanischen Papierfenster und abends durch gedämpftes Licht reguliert wird. Jeder der Exerzitanten hat auf einer der Matten seinen bestimmten Platz, den er auf das Glockenzeichen hin einnehmen muß.
Es werden täglich wenigstens zehn Sitzungen gehalten, je 40–60 Minuten, und das sieben volle Tage.
Worin besteht die *Meditation?* Es ist leichter zu sagen, worin sie nicht besteht. Man soll alle Gedanken, die das eigene Ich betreffen, ausschalten. Alle Sorgen, Pläne, zumal jede ungeordnete Anhänglichkeit wie Ehrgeiz oder Furcht muß aufhören. Das eigene Ich muß sterben. Wer ganz stirbt, wird ganz auferstehen; wer nur halb stirbt, wird auch nur halb auferstehen. So etwas wie das eigene kleine Ich gibt es überhaupt nicht. Alle Dinge, auch der kleinste Wassertropfen oder der kürzeste Augenblick an Zeit sind identisch mit dem All. Wir wissen das nur theoretisch. Daher ist diese Wahrheit wie ein Reiskuchen, der nur auf Papier gemalt ist und daher keinen Geschmack hat. In der großen Erleuchtung erleben wir diese Tatsache, und sie gibt uns große Sicherheit und ungeahntes Glück. Der Mensch, der diese Erleuchtung nicht hat, ist innerlich gespalten. Immer besteht ein Gegensatz zwischen dem Ich und dem Bewußtsein. Dieser muß verschwinden. Um dahin zu kommen, muß der Geist ganz »leer« werden. Die Erleuchtung – so könnte man sagen – ist eine intuitive Erkenntnis, die über dem Bewußtsein liegt. Man nennt sie nach mystischer Tradition auch Wesensschau. Man sieht die Dinge in ihrem Wesen, in einem neuen Licht. Dabei dringt man erkenntnismäßig in das All ein und könnte meinen, daß man mit diesem eins ist. Diese Auffassung beruht wohl auf der pantheistischen Grundauffassung im Buddhismus. Jedenfalls ist es eine intuitive Erkenntnis. Daher muß alles vermieden werden, was diese hindert. Das sind sowohl ungeordnete Anhänglichkeiten oder Leidenschaften als auch das rein schlußfolgernde Denken.
All das sind *Mōsō, Schlechte Gedanken*, gegen die man unerbittlich kämpfen muß. Der Zustand der Leere des Geistes ist daher keineswegs ein Dösen oder Schlafen mit offenen Augen. Diese Leere, von der da geredet wird, erinnert an die mittelalterlichen Mystiker, die von der Leere des Geistes und der Entbilderung der Phantasie sprechen. Oder auch an die Nacht der Sinne und die Nacht des Geistes, von der Johannes vom Kreuz spricht. Der theologische Untergrund und das Endergebnis bei den Mystikern ist gewiß verschieden, aber das Zwischenstück hat große Ähnlichkeit mit der Zen-Meditation.
Es werden auch allerlei Anweisungen gegeben, um diese Mōsō zu entfernen, besonders durch verschiedene Weisen, seinen Atem zu zählen oder auf ihn zu achten. Kann man trotzdem diese Gedanken nicht loswerden, so soll man sich nicht weiter darum kümmern. Denn es ist

nichts damit gewonnen, daß man sich mit dem Austreiben solcher Gedanken beschäftigt. Nicht einmal mit dem Verlangen nach der Erleuchtung darf man sich beschäftigen.

Wann kommt die Erleuchtung? Bei manchen Menschen kommt sie in den ersten Exerzitien, bei anderen später, bei vielen wohl nie. Bei den hier beschriebenen Exerzitien wurde einem einzigen von 30 Teilnehmern die Erleuchtung zuteil. Es war eine von den drei Frauen, die teilnahmen. Sie machte zum ersten Mal die Exerzitien und war sehr besorgt um ihr ewiges Heil.

Bevor die Erleuchtung kommt, tritt gewöhnlich ein anderer Zustand ein, den man mit *Makyō, Geisterwelt,* bezeichnet, d. h. man hat allerlei Visionen. Im völlig wachen Zustand sieht man Heilige oder wilde Tiere, und zwar so deutlich, als wären sie zugegen. Aber man darf sich nicht täuschen lassen. Das ist noch nicht die Erleuchtung. Vielmehr steigen diese Erscheinungen aus dem eigenen Unterbewußtsein auf. Man soll sich einfach nicht darum kümmern. Solche Gestalten steigen auf, wenn der Geist allmählich leer wird. Nur das ist der Grund. Insofern sind sie ein gutes Zeichen: man nähert sich dem Zustand, wo die Erleuchtung eintreten kann. Läßt man sich aber davon befangen, so kann es jahrelang dauern, bis die Erleuchtung eintritt.

Nach der ersten Meditation begibt man sich in den Hauptraum des Tempels, wo ein Morgengottesdienst gehalten wird. Es werden Sutren gelesen.

Danach geht man zurück in die Zazen-Halle. Dort wird um 5 Uhr das Frühstück genommen. Alle drei *Mahlzeiten* werden in der Zazen-Halle eingenommen. Man sitzt auf demselben Platz wie bei der Meditation, aber dem Innern der Halle zugewandt. Dort stellt man seine Eßschalen vor sich hin auf den Boden, denn Tische gibt es nicht. Nach einem langen Tischgebet wird das Essen ausgeteilt. Alles geht nach bestimmten Regeln in völligem Stillschweigen. Wünscht man mehr oder weniger, so gibt man das durch Zeichen zu verstehen. Nach dem Essen wird heißes Wasser herumgereicht zum Reinigen des Eßgeschirrs. Man trinkt etwas von diesem Wasser. Dann setzt man seine Schalen ohne Geräusch zusammen.

Für die Meditation werden keine Inhalte gegeben. Aber einmal am Tage ist ein Unterricht von etwa einer Stunde, in dem ein sogenannter *Kōan* erklärt wird. Was ist ein Kōan? Ein Kōan besteht gewöhnlich darin, daß in einer kurzen Erzählung aus dem Leben eines berühmten Bonzen eine tiefe Weisheit durch ein Paradox ausgedrückt wird. Liest man den Kōan, so scheint er keinen Sinn zu haben. Er ist wie ein Rätsel, das durch logisches Denken allein nicht gelöst werden kann. Über dieses Denken hinaus muß es zur Intuition kommen. Je mehr man nachdenkt, umso unlösbarer wird das Rätsel. Bildlich ausgedrückt: Man muß den Kōan immer wieder kauen, bis der Zahn selbst herausfällt. Es genügt, ein Kōan zu verstehen. Hat man eins verstanden, so versteht man alle.

Die Beaufsichtigung beim Zazen geschieht in der Weise, daß während der Meditation stets ein Bonze in der Halle herumgeht, der bald die Haltung der Sitzenden korrigiert, bald notwendige Anweisungen gibt, vor allem aber die Meditierenden immer wieder durch Schelten und *Stockschläge* zum Eifer anfeuert. Der Stock, mit dem geschlagen wird, ist am äußeren Ende flach. Damit schlägt der Bonze den Meditierenden auf die Schulter. Gleich zu Beginn der ersten Meditation am frühen Morgen bekommt jeder einen kräftigen Schlag. Je nachdem wie es der Bonze für gut findet, teilt er weitere

Schläge allen oder einzelnen aus. Man kann auch selbst darum bitten, durch Zeichen natürlich. Der Bonze geht beständig hinter dem Rükken der Exerzitanten herum, und zwar so leise, daß man es trotz der Stille im Raume kaum hören kann. Sollte jemand eingeschlafen sein, wie das bei dieser äußerst anstrengenden Übung vorkommen kann, dann geht ein wahres Donnerwetter an Schlägen und Schelten auf ihn nieder. Doch wäre es ganz falsch zu glauben, daß dieses Schlagen aus Zorn und Unwillen geschehe, sondern es ist reines Wohlwollen. Man könnte sagen, je mehr man geschlagen wird, desto dankbarer ist man. Das muß man verstehen, andernfalls ist es besser, von vornherein nicht mitzumachen. Für einen Nichteingeweihten ist es unverständlich, daß während der ganzen Exerzitien nie ein freundliches Wort gesagt wird.

Dokusan, heißt »allein gehen«, nämlich zum Rôshi, dem Exerzitienmeister. Die geistliche Leitung ist so wichtig, daß man sagt, selbst der Buddha brauche einen Seelenführer. Diese Leitung ist notwendig, um die Erleuchtung zum Durchbruch zu bringen. Die Praxis des Dokusan ist im Zen uralt. Es geschieht in folgender Weise. Der Rôshi (Exerzitienmeister) sitzt in einem besonderen Zimmer auf einem Kissen und hält einen Stab in der Hand. Auf ein Glockenzeichen geht jeder Exerzitant zu ihm, begrüßt ihn und hockt sich unmittelbar vor ihm auf den Boden, nur 20 cm entfernt vom vorderen Rand des Kissens, auf dem der Rôshi sitzt. Das ist so, weil der Schüler gewissermaßen in den Meister eintreten soll; auch wohl deshalb, damit der Meister dem Schüler gelegentlich einen Schlag versetzen oder ihn anbrüllen kann, so daß er zusammenfährt. Auch das Letztere ist nicht irgend eine barbarische Lehrmethode, sondern hat seine große Bedeutung. Der Meister soll den Schüler nicht nur durch Worte leiten, sondern, was viel schwieriger ist, die Erleuchtung erwecken. Das aber ist durch theoretische Erklärung nicht möglich, da es eine Intuition ist. Der Meister fühlt gewissermaßen instinktiv, wann der Schüler reif ist für die Erleuchtung. Wenn er den richtigen Moment für gekommen hält, dann versetzt er ihm einen Schlag oder brüllt ihn an, und so schreckt er ihn auf aus seiner Finsternis. Es geht ein Licht auf im Inneren des Schülers, wie wenn ein Funken aus einem Stein geschlagen wird oder in einem dunklen Raum ein Licht angeht. Ohne die Hilfe des Meisters würde der Schüler viel später oder nie zur Erleuchtung kommen.

Es bleibt uns die Frage, ob ein *Wiederaufblühen des Buddhismus* in Japan zu erwarten ist. In den Zenexerzitien lebt noch der alte Geist; doch wird er sich als stark genug für eine Neubelebung erweisen? Möglich ist es, aber nicht wahrscheinlich. Es gibt im ganzen Lande nur wenige Tempel, in welchen die Exerzitien mit alter Strenge durchgeführt werden, vielleicht in Tsurumi bei Tokyo, in Kamakura und Kyoto. Im Hosshinji Tempel in Obama werden sie sechsmal im Jahre gehalten, in anderen Tempeln gewöhnlich zweimal. Die Zahl der Teilnehmer beläuft sich jährlich auf weniger als 100 Laien, die Bonzen nicht gerechnet. Zwei Personen gelangten in den ersten drei Kursen dieses Jahres im Hosshinji zur Wesensschau. In der Vorkriegszeit nahmen verhältnismäßig viele japanische Laien, vornehmlich Gebildete an solchen Kursen teil, nach dem Kriege aber ist das Verständnis dafür weithin verloren gegangen.

Es ist zu erwarten, daß das Interesse für diese Art geistigen Suchens wieder wächst. Aber all das kann den Buddhismus nicht wieder auf die einstige Höhe bringen.

Es fehlt etwas im Innern, das ist der Glaube, und

zwar der buddhistische Glaube. Ein sehr eifriger hochbetagter Bonze, der wohl selbst diesen Glauben noch hat, erzählte mir, oft kämen Leute zu ihm, die Mönche werden wollten. Er frage sie dann, ob sie wirklich fest entschlossen seien und ob von seiten der Familie keine Schwierigkeiten bestünden. Viele bejahen beides und fangen mit Eifer an; aber nach einem Jahre verlieren sie die Lust und hören wieder auf. Andere machen weiter, doch nur um einen Tempel zu bekommen und damit einen Lebensunterhalt.

Ein junger Bonzennovize sagte mir vier Monate, nachdem er in ein großes Kloster eingetreten war, er habe vor seinem Eintritt mit großem Interesse die Werke der hl. Theresia von Avila und andere mystische Schriften gelesen, auch den katholischen Katechismus kenne er. Er sei dann in dieses Bonzenkloster eingetreten, aber furchtbar enttäuscht. Es sei so ganz anders als er es erwartet habe. Neben der Strenge fände sich allzu großes Verlangen nach sinnlichen Genüssen wie Reiswein und Festmählern. Er wisse nicht, was er tun solle und sei darum zu mir gekommen.

Unter den Bonzen genießen die Zen-Bonzen noch den besten Ruf. Es gibt sicher unter ihnen solche, die jeder als Charaktere hochachten wird, und sie haben nach wie vor einen großen Einfluß auf japanische Kultur und Spiritualität, aber ihre Zahl ist gering. Früher durften die Zen-Bonzen nicht heiraten, heute ist es erlaubt und geschieht auch meistens.

In große Schwierigkeiten bringt die Bonzen aller Sekten die *materielle Not*. Die großen Ländereien, welche die Tempel früher besaßen, sind durch die Agrarreform größtenteils liquidiert worden. Was die Tempel an Hilfe von ihren Gläubigen erwarten können, reicht meist nicht aus, um den Bonzen mit seiner Familie ernähren zu können. Viele sind gezwungen, die Felder, die ihnen noch geblieben sind, selbst zu bestellen oder sonst noch einen Nebenverdienst zu suchen. Manche helfen sich, daß sie einen Kindergarten in ihrem Tempel einrichten und davon leben. Muß der Bonze zu sehr aufs Geld sehen, so kommt er in Verruf, ganz gleich ob er die Religion nur als eine Geldeinnahme betrachtet oder wirklich davon überzeugt ist.

Es besteht kein Zweifel, daß viele Bonzen aus dem Widerspruch ihrer Situation heraus möchten, aber die Sorge um das tägliche Brot hindert

den entscheidenden Schritt. Zur Unterstützung suchender Bonzen müßte irgend etwas unternommen werden von unserer Seite.
Der Buddhismus hat eine große Vergangenheit. Aber die Zeit ist gekommen, da das Christentum seine Sendung im japanischen Volk erfüllen muß, wenn es nicht in die Irreligiösität absinken soll. Herzliches Wohlwollen und selbst Hilfsbereitschaft gegenüber den Bonzen, Missionsposten im ganzen Lande, nicht nur in den großen Städten, sind die beiden Folgerungen für die Arbeit der katholischen Mission.

Zen und japanische Kultur

Zen hat einen großen Einfluß auf die japanischen Ausdrucksformen – »dōs«, übersetzt die »Wege«, etwa »Weg des Tees« (die sogenannte Teezeremonie); »Weg des Bogens«, »Kyū-dō«; »Weg des Schreibens«, »Shodō« (jap. Kalligraphie); »Weg der Blumen«, »Ka-dō« (Blumenstecken); »Weg des Ringens«, »Jū-dō« (auch Jiujitsu genannt); »Weg des Fechtens«, »Ken-dō«, ferner allgemein der »Weg der Künste«, »Geidō«; auch der »Weg des Ritters«, »Bushi-dō«

(jap. Rittergeist) gehört hierher. All das wurde in Japan ursprünglich nicht als Sport, Kunst oder gar Kunstgriff geübt, sondern war und ist auch jetzt noch ein »Weg«, ein Lebensweg, oder besser: eine Lebensphilosophie. Es wird damit eine gewisse innere geistige Haltung bezeichnet, die man in allen Lebenslagen bewahren soll, nicht nur zur Zeit der Ausübung der Zeremonie, des Schreibens, des Fechtens usw. In allen diesen Wegen lebt ein Geist, und das ist der Geist des Zen. Daher gibt es auch im Japanischen Ausdrücke wie »Ken-Zen-ichinyo«, d. h. »Schwert (Fechtkunst) und Zen sind eins«. Im Geiste des Zen gehen alle diese *dōs* auf die Einheit des Geistes aus und weiter auf das Einswerden mit der Natur, mit dem All. Sie verlangen das »Muga«, das »Nicht-Ich« oder das Sichselbst-Aufgeben, und wollen völlige innere Ausgeglichenheit und Seelenruhe vermitteln.
Sie zeigen dieselbe Harmonie zwischen Körper und Geist, wie sie eben auch im Zazen geübt wird. Das Prinzip »Mens sana in corpore sano« (ein gesunder Geist in einem gesunden Körper) wird in allen »dōs« bis in die feinsten Gefühlsmomente hinein zur Anwendung gebracht.
Viele Japaner schließen darum auch mit großer Sicherheit vom äußeren Verhalten eines Menschen auf sein Inneres. Nichtchristliche Japaner schließen z. B. von der äußeren Haltung eines katholischen Priesters bei der heiligen Messe auf den Grad seiner inneren Askese. So wurde mir erzählt, daß japanische Teelehrer vor dem Weltkrieg mit Vorliebe in der Kapelle der katholischen Universität in Tokyo der heiligen Messe beiwohnten, weil sich in der Haltung der Priester die langjährige asketische Ausbildung der Jesuiten widerspiegelte. Ebenso sehen sie auch das Kunstwerk.
Für den Japaner ist die Kunst viel mehr ein Lebensweg als für den Europäer, eben weil sie mit dem Zen zusammenhängt. Nur wer weiß, was die Erleuchtung ist, kann eigentlich die japanische Kunst und überhaupt die japanische Eigenkultur richtig verstehen. Zen und Zen-Erleuchtung sind gleichsam die Schlüssel zum Verständnis der japanischen Seele.
Was Louis Gardet vom Yoga sagt: »Die Erfahrung des Raja-Yoga ist von einer hohen geisti-

gen Haltung, und die Meister, die von ihr geformt wurden, haben eine Weisheit erreicht, die die Größe der indischen Kultur ausmacht. Selbst jene, die den Yoga nicht mehr in seinem ganzen Umfang praktisch ausübten, wurden mehr oder weniger beeinflußt« – das gilt vom Zen hinsichtlich der japanischen Kultur.
Das Kernstück des Zen ist die Erleuchtung: Mögen es auch verhältnismäßig wenige Japaner sein, die wirklich bis zur Erleuchtung gekommen sind, und noch weniger, die sie heute besitzen, so gab und gibt es auch heute wohl kaum einen Japaner, der nicht in seinem tiefsten Fühlen vom Zen beeinflußt ist.
Man sagt oft, daß es für den Europäer schwer und geradezu unmöglich ist, die japanische Mentalität zu verstehen. Das kommt daher, daß der Ursprung der japanischen Kultur ganz woanders liegt als der der europäischen. Auf eine kurze Formel gebracht könnte man das vielleicht so ausdrücken: Der Schwerpunkt der europäischen Kultur liegt im *Denken*, bei der japanischen Kultur liegt er im *Nicht-Denken*, oder positiv gesagt: in der Intuition und im Gefühl. Daher liegt dem Japaner das dialektische Denken nicht, und bei theoretischen Erörterungen setzt er sich leicht über logische Widersprüche hinweg.
Man findet in der japanischen Mentalität Verständnis für Mitleid und Rache, Opfergeist und Selbstsucht, aber es fehlt das eigentliche Verständnis für Gerechtigkeit. Darum ist es auch außerordentlich schwer, Nichtchristen die Gerechtigkeit Gottes verständlich zu machen. Selbst in der Handhabung des japanischen Rechts macht sich dieser Mangel stark bemerkbar, und besonders fühlbar wurde er in der Politik der Nachkriegsjahre. Das Gefühl, die Erregung gewinnt sofort die Oberhand und macht eine ruhige, objektive Abschätzung und Auseinandersetzung unmöglich. Diese Eigenart des japanischen Volkes macht auch manche Fehler in seiner Außenpolitik verständlich. Der Anfang des letzten Weltkrieges ist ein klassisches Beispiel dafür. Bei der technischen Überlegenheit des Gegners konnte Japan diesen Krieg niemals gewinnen, wie japanische Fachleute klar erkannten und auch zugaben.

Indien und Japan sind aber mit ihrer Form der Erleuchtung den Völkern Europas weit überlegen. Man kann vielleicht sagen, daß die Erleuchtung das Höchste ist, was der Mensch mit seinen Kräften erreichen kann. Europa und Amerika haben das nicht erreicht, wenigstens nicht in dem Maße, daß es einen Einfluß auf die westliche Kultur gehabt hätte. Anderseits ist es auch wahr, daß eine Kultur, die die Erleuchtung als Kernpunkt hat und von ihr her bestimmt wird, aus sich nicht geeignet ist, zu den modernen Errungenschaften der Naturwissenschaften und Technik zu kommen, es sei denn durch Zufall oder nach einer sehr langen Entwicklung. Ebensowenig wird man in der griechisch-lateinischen Tradition und überhaupt im Westen die Erfahrung der Erleuchtung ohne die Kenntnis des Ostens in den Blick bekommen, es sei denn durch eine neue Entwicklung der westlichen Kultur in der Zukunft. Diese grundlegenden Tatsachen sollte man auf beiden Seiten klar sehen, ganz gleich, was man sonst über die eine oder andere Seite denkt. Durch Anerkennung dieser Tatsachen würde der immer noch starke Gegensatz zwischen Ost und West, der auf gegenseitiger Unkenntnis und mangelnder Kenntnis der eigenen Grenzen beruht, bald verschwinden und dem Geiste des Verständnisses und der Vereinigung weichen. Das würde zum Fortschritt der Menschheit gereichen, denn es könnte eine Weltkultur geschaffen werden, die viel reicher wäre als jede der beiden für sich. In großem Stile fand eigentlich bisher nur von seiten des Ostens die Übernahme der materiellen Kultur des Abendlandes statt. Innerlich aber hat weder der Osten die Kultur des Westens aufgenommen, noch der Westen sich die des Ostens zu eigen gemacht.

Die Hauptstärke der japanischen Kultur liegt sicher in der Intuition, im Gefühl, in der Kunst und in allem, was damit zusammenhängt. Es gibt wohl kaum ein anderes Volk, das ein so feines Verständnis für die Kunst entwickelt hat wie das japanische. Bis in die alltäglichsten Formen des Lebens macht sich das bemerkbar. Europa und Amerika können sich in dieser Beziehung mit Japan nicht messen.

Da es aber anderseits für Japan eine Lebensfrage war und auch bleiben wird, materiell mit dem Westen Schritt zu halten, mußte es zunächst die materielle Kultur Europas und Amerikas aufnehmen. Die Japaner haben das mit großem Eifer und ihrer einzigartigen Nachahmungsfähigkeit getan, wobei ihnen gerade ihre intuitiven Kräfte gut zustatten kamen. Schneller als irgendein anderes Volk haben sie die äußere Anpassung durchgeführt. Natürlich haben sie sich auch um die Geisteskultur bemüht, aber in ihrem Wissensdurst und in dem Verlangen, möglichst viel aufzunehmen, sind sie leider allzusehr an der Oberfläche haften geblieben. Infolgedessen sind sie – mit wenigen Ausnahmen – nicht bis zu den Quellen der europäischen Kultur vorgedrungen. Man muß wohl hinzufügen, daß der Grund dafür nicht nur bei den Japanern liegt, sondern auch bei den Europäern, die zum Teil selbst die Quellen ihrer wissenschaftlich-technischen Errungenschaften nicht mehr kennen.

Obwohl Japan erst vor etwa 100 Jahren begonnen hat, die europäische Kultur aufzunehmen, ist heute der Unterricht an den japanischen Universitäten zu 90 Prozent mit europäischer Kultur gedeckt. Die japanische Kultur tritt ganz zurück. Die Studenten müssen das ausländische Wissen in sich aufnehmen, aber es fehlen ihnen die Voraussetzungen dafür, das Gebotene auch wirklich geistig zu verarbeiten. Alles, was sie mit großem Eifer lernen, reicht doch nur bis zu den

Examina und geht dann wieder verloren. Man muß eben seine Universitätsstudien abschließen, um eine Stellung zu bekommen und sich den Lebensunterhalt zu verdienen. Zu einer kulturellen Bereicherung wird das Studium nicht, und deswegen haben sich die Japaner die europäische Geisteskultur noch nicht zu eigen machen können. Nur die materielle Kultur haben sie aufgenommen, aber auch diese noch unvollkommen, weil das Fundament fehlt, auf dem die materielle Kultur aufbaut, die Geisteskultur. Was sie von dieser angenommen haben, ist hauptsächlich die materialistische, skeptische Philosophie. Diese kann zwar der traditionellen japanischen Geisteskultur zum Verhängnis werden und wird es auch tatsächlich, aber sie ist ungeeignet für einen positiven geistigen Aufbau, weil sie nur eine zersetzende Kraft hat. So befindet sich das japanische Geistesleben gegenwärtig in einer schweren Krise.

In größter Not ist die jüngere Generation. Während die ältere geistig noch von der japanischen Eigenkultur zehrt, hat die jüngere mit eben dieser Kultur die innere Verbindung verloren, ohne sich aber die europäische Kultur wirklich zu eigen zu machen. So hat sie keine Weltanschauung und keine Ideale.

Die Entwicklung der letzten Jahrzehnte macht es sehr fraglich, ob auch in der Zukunft die Erleuchtung einen starken Einfluß auf den japanischen Volkscharakter ausüben wird. In der Vergangenheit hat dieses Erlebnis auf die

japanische Kultur und Mentalität einen tiefgehenden Einfluß ausgeübt, ja, es ist sogar der allerwesentlichste Faktor dieser Kultur gewesen. Jeder, der die japanische Kultur kennt, sieht darin einen Beweis, daß in dieser Erleuchtung ein großer Reichtum verborgen ist, und daß sie nicht nur für den einzelnen ein unschätzbarer Gewinn ist, sondern auch für die Gemeinschaft eine äußerst reiche Lebens- und Kulturquelle sein kann.
Nach obigen Ausführungen wird der Leser vielleicht den Eindruck haben, als wären diese Werte schon unwiderruflich dem Untergang geweiht. Das ist jedoch nicht so. Fraglich ist nur, ob der Buddhismus auf Dauer imstande sein wird, dem japanischen Volk diese eben zu erhalten. Noch ist es nicht zu spät. Denn noch wurzelt der Geist des Zen tief im Charakter des japanischen Volkes. Das Feuer glimmt noch unter der Asche. Es droht nur vom Materialismus erstickt zu werden.

Zen-Vorlesungen in Hiroshima

Ich habe jahrelang an der Musikhochschule, die heute den Rang einer Universität hat, für die Studenten der Musikschule Vorlesungen über Religionswissenschaft gehalten. Mein Hauptthema war die Erklärung des Zen und alles, was damit zusammenhängt. Ich habe einfach Zen als Weg zur Erleuchtung erklärt. Ich habe keine besonderen Universitätsstudien dazu gemacht. In dieser Zeit gab es fast keinen, der sich damit im universitären Bereich beschäftigt hat. Ich habe also aus meiner Erfahrung gesprochen. Meine Vorlesungen zur Religionswissenschaft waren Wahlfach, aber wenn die Studenten bei mir Examen abgelegt haben, war das als Fach anerkannt. Mein jetziger Nachfolger hat selbstverständlich eine spezielle religionswissenschaftliche Ausbildung hinter sich, und inwieweit sich das mit meiner Erklärung des Zen deckt, weiß ich nicht. Das ist doch ein großer Wissensbereich, vor allem von der entsprechenden Erfahrung her. Ob dieser Religionswissenschaftler auch eine Zen-Erfahrung hat, weiß ich ebenfalls nicht. Man kann ja Zen religionswissenschaftlich studieren, ohne jemals selbst »gesessen« zu haben. Das ist die Schwierigkeit: Wenn Sie an die Universität gehen und Religionswissenschaft studieren, bekommen Sie einen Titel, aber damit haben Sie noch keine Erfahrung. Und das sieht man, wenn einer ohne Erleuchtung über das Zen schreibt. Z. B. die Sōtō-Leute können ein festes und hohes Amt in ihrer Zen-Sekte bekleiden und auch Bücher über das Zen schreiben, aber wenn sie keine Erleuchtung haben, sieht man es sofort dem Geschriebenen an. Wissenschaftlich weiß er vielleicht viel mehr als manch ein Erleuchteter; aber ein Zen-Meister wie z. B. Yamada-Koūn kann sofort die fehlenden Elemente in dieser Religionswissenschaft erkennen und auch aufzeigen.
Meine Berührung mit dem Zen, meine missionarische und akademische Arbeit in Hiroshima wurden unverkennbar durch den Abwurf der Atombombe geprägt und haben dadurch eine neue Intensität und eine neue Dimension bekommen.

IV
Nach der Atombombe in Hiroshima

Mein schreckliches Erlebnis

Am 6. August 1945 ging ich in mein Zimmer, nachdem ich schon die heilige Messe zelebriert und Brevier gebetet hatte – es war ungefähr 8.15 Uhr – und überlegte mir, was ich nun zu tun hätte. Auf einmal merkte ich ein Licht da draußen und dachte: »Vielleicht machen sie wieder ein Experiment«; in der Nähe war ein großer Exerzierplatz. Dann fiel alles über mich zusammen. Es wurde ganz dunkel, alles voller Staub, ich dachte, nun sei es aus mit mir. Allmählich setzte sich der Staub und es wurde wieder hell im Zimmer. Die Fenster und die Wände waren kaputt. Ich war nicht umgefallen, aber ich dachte, daß ich bald tot sein werde. Ich wollte dann aus dem Zimmer herausgehen und da sah ich unsere Köchin entgegenkommen mit dem Besen in der Hand. (Sie machte immer nach dem Frühstück sauber im Haus.) Sie sagte zu mir: »Was ist das?« Sie war eine sehr treue Katholikin und wußte nur »Oh, Herr Pater!« zu wiederholen. Danach bin ich aus dem Haus gegangen und dann wieder hinein, um nachzuschauen, wer noch drin ist. Da war ein Sekretär des Bischofs, ein Laie. Er war auf seinem Zimmer. Ich sagte: »Bitte, kommen Sie heraus«. Er fragte: »Was ist passiert?«. Ein anderer Pater war noch in seinem Zimmer. Er war in einem Zimmer mit vielen Bücherschränken, und von alledem, was da runterfiel, verschüttet und am schwersten verletzt. Auch Pater Cieslik war da, aber er war nicht schwer verwundet. Dann sind wir alle aus dem Haus gegangen und haben herumgeschaut. Unsere Kapelle war völlig zusammengefallen, zum Glück war gerade niemand drinnen gewesen. Dann gingen wir in das Katechistenhaus und in die Wohnung der Kindergärtnerinnen. Sie waren alle ein bißchen verschüttet, und so haben wir geholfen, sie herauszuholen. Schließlich versuchten wir, aus der Stadt herauszukommen. Im Nachhinein haben wir festgestellt, daß wir ungefähr 1200 Meter vom Zentrum der Bombe weg waren – zu diesem Zeitpunkt wußten wir selbstverständlich überhaupt nicht, was da geschehen war. Aber wir konnten aus der Stadt nicht heraus, weil die ganze andere Seite des Flußes jenseits der Brükken in Flammen stand. Wir sind dann also entlang des Flusses gegangen und wollten abwarten, bis sich etwas klärt. Wir haben abgewartet, bis alles in der Umgebung abgebrannt ist. Zwei Leute von uns waren nicht verwundet. Sie sind aus der Stadt hinausgegangen zu unserem Noviziat, um dort zu sagen, was mit uns los ist. Danach sind sie zu uns zurückgekommen und haben die Verwundeten zur Not versorgt. Ich war durch das Glas, durch die Steine und alles, was da auf mich fiel, am ganzen Körper verwundet. Ich war dann am Nachmittag, etwa um 1 Uhr desselben Tages schon im Noviziat. Da hat man mir das Gesicht gewaschen und alles andere getan, was nötig war. Ich konnte zunächst mit eigenen Kräften gehen, aber eine Stichwunde am Fuß hatte mich doch darin

schwer behindert, da hatte man notdürftig eine Bahre zusammengesteckt und mich getragen.
Es gibt da Leute, die erzählen, ich hätte zur Zeit des Bombenabwurfs in Hiroshima in Meditationshaltung gesessen. Das stimmt nicht. Ich bin einfach verwundet worden und habe überlebt, und ich glaube nicht, daß das etwas mit der Meditation zu tun hatte. Das liegt wohl eher daran, wieviel Strahlen der Körper abbekommen hat. Ich war, als die Atombombe explodierte, im Zimmer, und darum habe ich keine direkte Strahlung abbekommen, wohl aber nachher, denn die Strahlung dauerte ja an. In der ersten Zeit hat man dann behauptet, es werde 75 Jahre lang kein Grashalm mehr in Hiroshima wachsen, doch nach einigen Tagen war dann schon wieder alles grün. Die Voraussage stimmte nicht, aber man hat immer die Strahlung gemessen, und nach 14 Tagen sagte man dann, jetzt sei es nicht mehr unmittelbar gefährlich, in Hiroshima zu sein. Aber es ist vorgekommen, daß einige Leute, als das Feuer gelöscht war, nach dem Bombenabwurf gleich wieder zu den Trümmern gingen, um aufzuräumen, und bei einigen, die da zwei oder drei Wochen gearbeitet haben und danach in ihre Dörfer zurückkehrten, fielen nach einigen Tagen die Haare aus, weil da die Strahlung noch zu stark war. Und ich, wie gesagt, habe zwar schon indirekte Strahlung abbekommen. Aber inwieweit das den Körper beeinflußt, das hängt auch von der körperlichen Konstitution, von der Widerstandsfähigkeit des Körpers ab. Ich weiß von einem Mitbruder, der viel stärker betroffen wurde. Aber ich bin auch gleich aus der Stadt gegangen, während er jeden Tag wieder in die Stadt ging, um nach den Gläubigen seiner Gemeinde zu suchen, und da hat er sehr viel

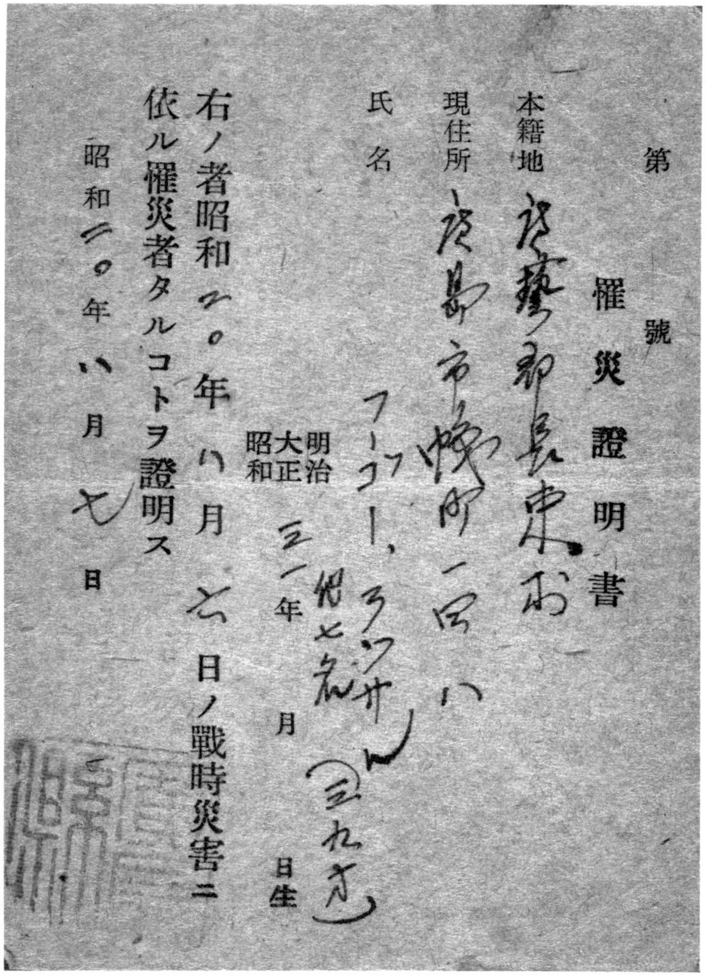
第　號
罹災證明書
本籍地
現住所 廣島市幟町一四八
氏名 フーゴー・ラッサール外七名
明治大正昭和 三一年　月　日生
右ノ者昭和二〇年八月六日ノ戰時災害ニ依ル罹災者タルコトヲ證明ス
昭和二〇年八月七日

Die »offizielle« Bescheinigung, daß Hugo Lassalle mit 7 anderen Personen am 6. August in Hiroshima ausgebombt wurde. Ausgestellt am 7. August von der Behörde in Gion (bei Hiroshima).

von der Strahlung der ersten Tage mitbekommen. Außerdem war er früher schon körperlich sehr schwach.
Bald kam dann der 15. August, an dem Tag hatte der Kaiser den Schluß des Krieges erklärt. Was eigentlich passiert ist, haben wir etwa 24 Stunden nach dem Atombombenabwurf erfahren. Da kam zu uns ein Rundfunkjournalist zu

Besuch. Er hat uns das alles noch näher erzählt. Als das Flugzeug kam, um die Atombombe abzuwerfen, da stand schon der Annoncer da, um Alarm zu geben. Gerade in dem Moment, an dem er das ansagen wollte, platzte die Bombe. So haben wir keinen Alarm gehabt, um uns zu schützen. Wenn wir dies gehabt hätten, wären wir natürlich sofort in unsere Löcher gegangen und viel besser geschützt gewesen. Wie gesagt, wir blieben in den Zimmern und deswegen waren wir verwundet. Inwieweit wir durch die Strahlung Dauerschäden bekommen haben, ist schwer festzustellen. Man muß zwischen einer direkten und einer indirekten Strahlung unterscheiden. Die indirekte Strahlung kommt vom Boden heraus und die direkte Strahlung kommt unmittelbar auf die Haut, und dann gibt es selbstverständlich Brandwunden. Ich habe keine direkte, sondern nur eine indirekte Strahlung abbekommen, aber trotzdem muß ich mich jedes Jahr zweimal einer Untersuchung unterziehen.

Als ich einigermaßen gehen konnte, bin ich sofort in die Stadt gegangen, weil es keinen Transport gab. Wir sind zu unserer Wohnstätte gelangt, um zu schauen, wie es da aussieht. Wir haben zunächst eine Hütte aus Blech gebaut und sind mit Pater Cieslik einige Monate dort geblieben. Das war der neue Anfang.

Die Idee des Baus einer Friedenskirche ist ziemlich bald entstanden, unmittelbar aus meinem Erlebnis der Atombombe. An der Stelle unserer restlos zerstörten Kapelle sorgten wir für den Ausbau der Friedenskirche. Sie wurde genau auf dieser Stelle gebaut.

Dieses Geschehen hat auch manches in meinem persönlichen Leben geändert. Ich wollte schon früher japanischer Staatsbürger werden, aber in der Zeit des Krieges war das sehr schwierig, sogar unmöglich. Die Anträge waren vor dem Ende des Krieges einfach abgelehnt worden. Bei mir war das nicht der Fall, sondern man hatte meinen Antrag aufgeschoben, ohne über den Ausgang zu entscheiden. Nach dem Kriege habe ich meinen Antrag erneuert und mit dem deutschen Konsul gesprochen. Er hat meine Einbürgerung sehr befürwortet, aber zugleich mir die Chance gegeben, die deutsche Staatsangehörigkeit, die im Falle der Annahme der japanischen Staatsbürgerschaft verlorengehen müßte, für diesen Fall wieder zurückzubekommen. Mein Rechtsanwalt hat mir noch während des Krieges die Begründung meines Antrags aufgesetzt und eingegeben. Nach Schluß des Krieges habe ich mich von neuem bemüht – und ich erhielt die Zusage ohne Rechtsanwalt. So kam es dann zu meiner japanischen Staatsbürgerschaft im Jahr 1948.

Links: Unsere erste Wohnstätte, die Blechhütte.
Rechts: Das Pfarrhaus vor und nach der Atombombe.

Zum Ursprung meines japanischen Namens Enomiya Makibi

Als ich, im Jahre 1948 die japanische Staatsbürgerschaft erwarb, galt es auch, einen neuen Namen zu finden. Namen haben eine eigenartige Ausdruckskraft, und so mußte er gut bedacht werden. In Hiroshima gibt es einen alten Schrein, mit dem die jahrhundertealte Tradition verbunden ist, daß dort Jimmu Tennō in der grauen Vorzeit gelandet sei. ENOMIYA. Das wurde mein neuer Hausname, da ich so viele Jahre meines Lebens in Hiroshima verbracht hatte.
Den Vornamen schlug ein Lehrer unseres Rokkō-Kollegs in Kobe vor: MAKIBI. Makibi ist der Name jenes bedeutenden Mannes, der im 8. Jahrhundert die japanische Umschrift für die schwer zu lesenden chinesischen Schriftzeichen erfand.
Lange Jahre trage ich nun schon diese beiden Namen. Doch erst im Jahre 1963 sollte ich den Ort kennenlernen, der bis heute alljährlich in Treue das Andenken an diesen großen Japaner der Vorzeit wachhält.

Mabi-chō in der Präfektur Okayama, der Provinz Kibi im japanischen Altertum, ist also die Heimat des Kibi no Makibi, meines Namenspatrons, eines der bedeutendsten Staatsmänner und Literaten im 8. Jahrhundert. Dort wurde für ihn am 2. Oktober 1966 ein Denkmal enthüllt. Es ist wohl das erste Mal, daß ein heidnischer Literat ein Monument mit lateinischer Inschrift erhalten hat. (1931 wurde in Mizusawa in der Präfektur Iwate ein Denkmal für den christlichen Ritter Gotō Juan errichtet, für das seinerzeit P. S. Candeau eine lateinische Inschrift verfaßt hat.) Der Text lautet:

In perpetuam memoriam
illustrissimi viri Kibi no Makibi, qui in
hac terra lucem primo videns litteris
simulque arte politica pro patria
optime fuit meritus.
Fac sit Deus, ut exemplar sit
Japoniae iuvenibus, ne unquam degenerentur
ab excelsis talis viri cogitationibus.
II.X.MCMLXIII.

Das Datum wurde um drei Jahre zurückgesetzt, weil ich an diesem Tage zum erstenmal die Heimat meines japanischen Namenspatrons besucht habe. Der japanische Text ist die Übersetzung des lateinischen und ist unterschrieben: Enomiya Makibi. Der Text wurde von mir verfaßt, in japanischer Schrift geschrieben und so in den Stein gemeißelt.
Kibi no Makibi wurde von der japanischen Regierung für seine kulturelle Ausbildung nach China geschickt, wo er etwa 20 Jahre studierte. Als er nach Japan zurückgekehrt war, erhielt er verschiedene Staatsämter und wurde schließlich Minister. Als solcher ging er später als Gesandter mit einer wichtigen und schwierigen Mission nach China. Diese Gesandtschaftsreise wurde dann auch in einer Reihe japanischer Bilder festgehalten, die sich heute im Museum von Chicago, U.S.A., befinden (1965 wurden sie für eine Ausstellung japanischer religiöser Kunst in Tokyo zur Verfügung gestellt.)
Makibi ist vor allem deswegen in die japanische Geschichte eingegangen, weil er die japanische Silbenschrift (Kana) erfunden hat und damit dem japanischen Volk, das bekanntlich schon früher die Schriftzeichen von China übernommen hatte, für alle Zeiten einen großen Dienst erwiesen hat. Er wurde somit zum Wegbereiter für die Entfaltung der japanischen Literatur. Außerdem besitzen wir von ihm auch einen wertvollen Traktat über die japanische religiöse (buddhistische) Musik. Wahrscheinlich hat er in China auch musikalische Studien betrieben. Endlich sei noch erwähnt, daß Makibi auch viel Verkennung und Anfeindung erfahren mußte, die ihn aber nicht verbittern konnten und in seinem Wirken für das allgemeine Gut nicht beirrten. Insofern kann er auch als Vorbild der Charakterstärke und Selbstlosigkeit für die japanische Jugend gelten.

Der Promotor des Denkmals war Prof. Issei Hina (1967: 86 Jahre alt). Prof. Hina war selbst nicht Christ, hatte aber große Sympathien für die christliche Religion. Seine Tochter, eine Ordensschwester in dem Kloster der Redemptoristinnen zu Kamakura, vergaß nicht, den Vater mit katholischer Literatur zu versorgen und für seine Bekehrung zu beten.

Ehrenbürger von Hiroshima

Die Freude unter meinen früheren Schülern aus Hiroshima war sehr groß, als mich die Stadt Hiroshima am 1. April 1968 zum »Ehrenbürger von Hiroshima« gemacht hatte. Die Urkunde ist unterschrieben vom Bürgermeister Setsuo Yamada. Interessant ist die Tatsache, daß ich Herrn Setsuo Yamada bereits während seiner Studien (1927–28) in Oxford kennengelernt hatte. Noch ein anderer Umstand gibt der Verleihung des Ehrenbürgertitels ein besonderes Gepräge. Das Stadtparlament von Hiroshima hat als Regel, daß für die Ernennung eines Ausländers zum Ehrenbürger Stimmenmehrheit genügt, während für einen Japaner ein einstimmiger Beschluß erforderlich ist. Nun aber bin ich am 25. August 1948 Japaner geworden. Als Namen wählte ich Makibi Enomiya. Man konnte wohl kaum annehmen, daß die Kommunisten aus politischen Gründen bei einer öffentlichen Abstimmung ihr »Ja« geben würden. Da nun aber auch die Kommunisten mir gegenüber Freund sind und davon überzeugt waren, daß ich für Japan und besonders für Hiroshima Großes getan hatte, haben sie es so eingerichtet, daß sie zur Zeit der Abstimmung nicht anwesend waren. So konnte das Stadtparlament einstimmig Makibi Enomiya zum Ehrenbürger der Stadt Hiroshima wählen.

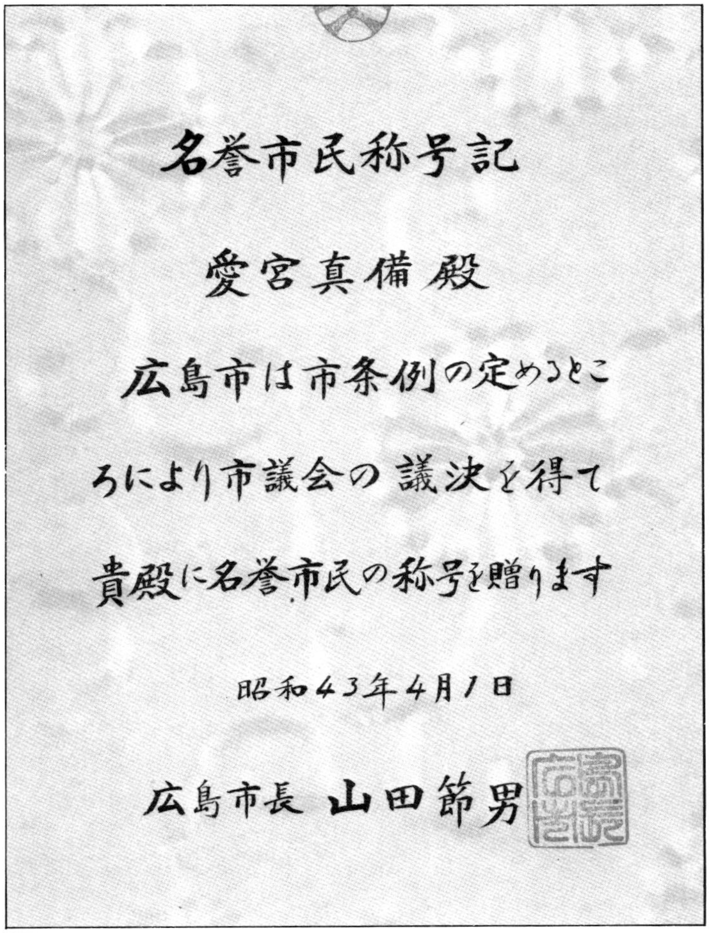
名誉市民称号記

愛宮真備殿

広島市は市条例の定めるところにより市議会の議決を得て貴殿に名誉市民の称号を贈ります

昭和43年4月1日

広島市長 山田節男

Im Beschluß des Stadtrates heißt es: »Unsere Stadt hat als Symbol den Weltfrieden gewählt. Dieser Gedanke der Stadt Hiroshima hat in der Erbauung der ›Friedenskirche‹ durch Makibi Enomiya in hervorragender Weise einen konkreten Ausdruck gefunden. Wir wissen um die fast unüberwindlichen Schwierigkeiten, die er zu lösen hatte. An dieser Stelle möchte die Stadt Hiroshima in tiefer Verehrung ihm danken für alles, was er für unsere Stadt getan hat.«
In der öffentlichen Bekanntmachung der Ernennung zum Ehrenbürger wurde nicht nur mein allgemeiner Lebenslauf gewürdigt, sondern besonders hervorgehoben, daß ich es verstanden habe, im In- und Ausland für die Friedenskirche Interesse zu wecken. Selber ein Opfer der Atombombe, habe ich mich überall für den Frieden eingesetzt. Hervorgehoben wurden meine vielen Vorträge im In- und Ausland über eine kulturelle Verständigung der Völker, für ein Zusammenarbeiten zwischen Buddhisten, Shintoisten und Christen.

Mahnmal des Friedens

Hiroshima in Trümmern. Auf den Photos der amerikanischen Flieger ein schwarzer Fleck mitten in den grünen Hängen der Berge und den blauen Wassern der Inland-See. Fünfundsiebzig Jahre wird kein Leben mehr gedeihen ...
So lautete das Verdikt.
Glücklicherweise war diese Nachricht eine Falschmeldung. Als Missions-Superior beschloß ich, die Mission wieder aufzubauen, und machte selbst den Anfang, als ich im Dezember 1945 in die Blechhütte auf dem Trümmerfeld übersiedelte.

Wiederaufbauen! Ich hatte eine andere Idee. Nicht nur das Alte wieder aufbauen, sondern ein Zeichen setzen für die Zukunft. Während wir zwischen den abgebrannten Trümmern noch Feuerholz suchten, von der Stadt einige billige Baracken kauften und mit dem Material hantierten, das uns die amerikanischen Besatzungstruppen aus den Beständen der ehemaligen japanischen Armee zur Verfügung stellten, reifte in mir die Idee, eine Kathedrale als Mahnmal für den Weltfrieden zu bauen.
Selbst unserem (verstorbenen) Pater Schweitzer, der stets für große Ideen zu begeistern war, schien dieser Plan eine Utopie, und als ich im Herbst 1946 zur General-Kongregation nach Rom fuhr, meinte Pater Schweitzer, wir sollten während der Abwesenheit möglichst bald eine Kirche aus dem vorhandenen Holzmaterial bauen.
In Rom hatte ich Gelegenheit, bei einer Audienz mit Pius XII. von meinem Plan zu sprechen. Der Papst war begeistert und gab seinen Segen für das Werk. Für mich war es die Bestätigung meines Planes durch den Stellvertreter Christi. Noch während meines Aufenthaltes in Rom begann ich mit den ersten Kontakten für eine weltweite Spenden-Sammlung, und auf der Rückreise nach Japan konnte ich bereits in Europa und Amerika eine stattliche Summe Geldes sammeln und weitere Versprechen für die Mitarbeit erhalten.
Zurück in Japan, machte ich mich sofort 1947

an die Verwirklichung meines Planes. Der erste Schritt war natürlich ein Bauplan für die neue Kirche. Bereits vor Ausbruch des Krieges war der Plan für eine größere Bischofskirche ausgearbeitet worden. Im ersten Abschnitt war 1936/37 das neue Pfarrhaus gebaut worden, und für die Kirche waren unter Leitung von Bruder Ignaz Gropper die Pläne für eine Holzkonstruktion im traditionellen japanischen Stil – im Sinne der damals verbreiteten Missions-Akkomodation – ausgearbeitet worden. Doch war dieser Plan infolge des Krieges nicht mehr zur Ausführung gekommen.
Diesmal sollte es ein zukunftsweisender moderner Bau werden. Ich gewann die Mitwirkung der größten japanischen Zeitung »Asahi-Shimbun« und veranstaltete einen allgemeinen Wettbewerb unter den japanischen Architekten. Da es die erste Veranstaltung dieser Art nach dem Kriege war, fand dieser Wettbewerb große Beachtung im ganzen Lande. Es kamen 1309 Anfragen von Interessenten, und am Stichtag, dem 10. Juni 1948, waren es 177 Pläne, die von Architekten aus dem ganzen Lande eingesandt waren und in den Räumen der Sophia-Universität in Tokyo ausgestellt wurden.
Die Bedingungen für den Plan waren nicht leicht. Vier Leitgedanken sollten verbindlich sein: Modern, monumental, japanisch, religiös! Die beiden ersten Punkte waren in fast allen eingesandten Plänen genügend ausgearbeitet. Schwieriger waren die beiden letzten Bedingun-

gen. War doch die japanische Architektur nach den langen Kriegs- und Nachkriegsjahren selbst noch auf der Suche nach neuen Formen. Der Bruch mit der alten Tradition war vollzogen, aber das Neue war noch nicht da. Die letzte Bedingung, der religiöse Aspekt, war für Nichtchristen das größte Problem. Muß doch ein religiöser Bau aus lebendigem Glauben gewachsen sein! So war es nicht verwunderlich, daß schließlich kein erster Preis ausgegeben wurde.
Auf den Rat mehrerer Fachleute wandte ich mich an Herrn Murano. Dieser Architekt war bekannt durch seine modernen Bauten, meist jedoch Kaufhäuser. Er war nicht Katholik, wohl aber seine Frau und Tochter, so daß ihm der christliche Glaube nicht fremd war. Er zögerte erst, zumal er vorher zu den Schiedsrichtern des Wettbewerbs gehört hatte. Dann aber lebte er sich ganz in seine Aufgabe hinein, so daß mit dem Bau der Kirche auch sein Glaube wuchs, wie er selbst bekannte. Später ließ er sich taufen und starb als überzeugter Katholik am 26. November 1984. Die Kathedrale von Hiroshima wurde für ihn der Weg zu Christus.
Er selbst hat einen ausführlichen Kommentar zur Stilform geschrieben. Hier mögen nur zwei Bemerkungen hinzugefügt werden, die er uns gegenüber äußerte. Architektonisch sei der Bau im strengen Geist der Zen-Tradition gehalten. Bewußt habe er auf architektonische Ornamentik verzichtet. Der Innenraum solle später durch die farbigen Glasfenster getönt werden, die braunen Ziegel der Außenwände seien mit Absicht unregelmäßig hervorgezogen. Dadurch werde die große Wandfläche durch Schattenwirkung belebt, und wenn im Laufe der Jahre sich Moos daran ansetzt, erhalte die Fassade die echte Patina.
Vor dem Portal der Kirche schuf er ein Wasserbecken mit einer Brücke. Das geht zurück auf die alte japanische Tradition, die noch bei den Shinto-Schreinen, wenigstens andeutungsweise, erhalten ist und auch bei den japanischen Kirchen des 16. Jahrhunderts erwähnt wird. Der Zugang vom Profanen zum Religiösen führt über eine Brücke, und der Weg über das Wasser wird zum Sinnbild der Reinigung vor Betreten des heiligen Bezirks.

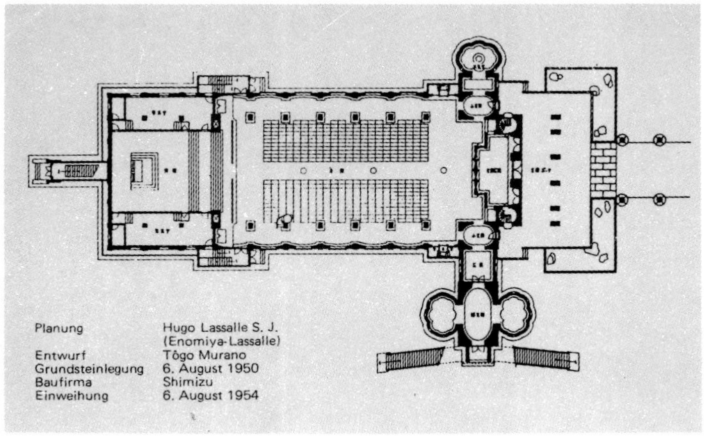

Die Kosten für das ganze Projekt waren nach damaliger Rechnung auf 100 Millionen Yen veranschlagt. Ich hatte auf einer Reise durch Europa und Amerika etwa 60 Millionen gesammelt, der Rest sollte in Japan aufgebracht werden. Dafür organisierte ich eine Spenden-Aktion auf überkirchlicher Ebene. Die Ehrenpräsidentschaft übernahm Prinz Takamatsu, der jüngste Bruder des Kaisers. Er ließ es aber nicht beim Ehrenamt, sondern nahm aktiven Anteil. Er war zugegen beim Richtfest und ebenfalls bei der Einweihung, wo er es sich nicht nehmen ließ, auf der steilen Treppe bis auf den Turm zu steigen.
Präsident des Komitees wurde Ministerpräsident Shigeru Yoshida, unter den anderen Mitgliedern waren der Apostolische Delegat und eine Reihe Personen des Diplomatischen Korps,

Finanz-Minister Ikeda, selbst aus der Provinz Hiroshima gebürtig. Vertreter von Industrie, Handel und Kultur, auch die Oberen der buddhistischen Sōtō- und Shingon-Sekte, der Gouverneur der Provinz Hiroshima und natürlich der Bürgermeister von Hiroshima, Herr Shinzō Hamai.
Die Sammlung startete am 1. Januar 1951 mit einem Aufruf des Finanzministers Ikeda, daß neben den großherzigen Spendern des Auslands auch Japan nicht zurückstehen dürfe beim Bau dieser Friedens-Gedächtniskirche in Hiroshima.
Inzwischen hatten die Bauarbeiten begonnen. Am 5. Jahrestag der Atombombe, am 6. August 1950, hatte der Apostolische Administrator von Hiroshima, Msgr. Ogihara, den Grundstein gesegnet. Beim Ausschachten für die Fundamente aber stellte man mit Schrecken fest, daß das Grundstück auf aufgeschüttetem Sand lag und beim Steigen der Flut das Wasser fast bis an die Oberfläche drang. – Hiroshima war ja im Jahre 1590 im Mündungsdelta des Ota-Flusses gegründet worden. – Daher mußte die Konstruktion der Fundamente geändert werden, und ein großer Teil des gesammelten Geldes wurde buchstäblich unter die Erde gebracht. Selbst ich verlor damals zuweilen den Mut und machte sogar einmal den Vorschlag, auf den Turm zu verzichten. Aber der wäre ja dann nie gebaut worden!
Am 6. August 1954 war die feierliche Weihe. Im Turm hingen bereits die 4 Friedensglocken, die 1952 vom Bochumer Verein e. V. gestiftet waren. Sie sind abgestimmt in Dis, Fis, Gis und H, die größte ist der Friedens-Königin geweiht und trägt die Aufschrift: *Ferrum bella movens populos iam vocat ad pacem* (Das Eisen, Werkzeug des Krieges, ruft jetzt die Völker zum Frieden), die zweite mit dem Namen des Hl. Franz Xaver sagt: *Ex occidente veniens evangelizo pacem Christi in oriente* (Aus dem Westen kommend, verkündige ich den Frieden Christi im Osten), die dritte ist dem zweiten Apostel Deutschlands, dem Hl. Petrus Kanisius geweiht: *Germania furore belli devastate populo Japoniae unita in operibus pacis* (Deutschland, im Krieg verwüstet, in Werken des Friedens mit dem japanischen Volk vereint), die vierte Glocke ist dem heiligen japanischen Märtyrer Paul Miki geweiht: *Sanguis Martyrum semen Christianorum, semen pacis* (Das Blut der Märtyrer – Same der Christen, Same des Friedens).
Die Orgel ist ein Geschenk der Stadt Köln. Im Herbst 1951 hatte der Apost. Administrator P. Ogihara bei seiner Europa-Reise auch Köln besucht und durch den Arzt Dr. Kellerwessel den Wunsch nach einer Orgel für die neue Friedenskirche geäußert. Dr. Kellerwessel wandte sich an den Bürgermeister Dr. Schwering, der in der Stadtverordnetensitzung vom 17. Januar 1952 den Plan erklärte und die Stiftung einer Friedensorgel für Hiroshima vorschlug. Der Plan wurde einstimmig angenommen und die Firma Klais, Bonn, mit der Ausführung beauftragt. Zugleich richtete der Bürgermeister ein schönes Schreiben an den Bürgermeister von Hiroshima mit dem Wunsch, daß diese Orgel die Herzen der Menschen zu Harmonie und Frieden aufrufen möge. Der Bürgermeister von Hiroshima, der im Jahre 1950 auch Köln besucht hatte und Herrn Dr. Schwering persönlich kannte, antwortete, daß die Orgel ein immerwährendes Zeichen der Freundschaft zwischen beiden Städten sein und den Menschen die Botschaft des Friedens verkünden solle. Daher findet auch jetzt jeden Monat ein Orgel-Konzert bei freiem Eintritt für die Bürger von Hiroshima statt.
Der Tabernakel wurde von Bonn, die Kanzel

von München, das Taufbecken von Aachen, die von Prof. Ewald Mataré gestalteten Bronze-Türen von Düsseldorf, die Kommunionbank von Bayern gestiftet.
Der Hauptaltar aus schwarzem Marmor ist ein Geschenk der belgischen Katholiken. Er sollte natürlich rechtzeitig zur Kirchweihe am 6. August 1954 da sein. Aber das Schiff hatte Verspätung und traf erst am Morgen des 5. August in Yokohama ein. Ausladen, Zoll, Verladen auf dem Güterbahnhof, Überführung nach Hiroshima (ein Güterzug brauchte mehr als 25 Stunden), Aus- und Umladen in Hiroshima und Aufbau in der Kirche ..., das war nach menschlichem Ermessen unmöglich und würde auch heute noch mindestens eine Woche beanspruchen.
Pater Schweitzer war nach Yokohama gefahren und hatte erreicht, daß die Zoll-Formalitäten in wenigen Minuten erledigt wurden. Der rettende Engel aber wurde der Direktor der Güterabteilung der japanischen Staatsbahn, Herr Satoshì Isosaki. Auf eigene Verantwortung sorgte er für das Umladen in einen bereitstehenden Güterwagen, den er am Nachmittag an den einzigen Personen-Express, der in den Nachkriegsjahren auf der Strecke fuhr, anhängen ließ. Um Mitternacht traf der Zug in Hiroshima ein, der Wagen wurde abgehängt, und die Kisten wurden ohne weitere Formalitäten auf einen bereitstehenden Laster verladen und zur Kirche gefahren. Dort standen schon die Maurer mit Zement und Kelle bereit. Bis 5 Minuten vor 6 Uhr hörte man in der Kirche noch das Klopfen von Meißel und Hammer, aber zu Beginn der feierlichen Kirchweih um 6 Uhr stand der Altar fertig.
Die feierliche Weihe der Kirche wurde vom Erzbischof von Nagasaki, Msgr. Paul Yamaguchi, unter Assistenz der Bischöfe von Osaka,

Fukuoka und Kyōto vorgenommen, mit anschließendem Pontifikalamt. Nachmittags um 4 Uhr fand ein feierliches Requiem für die Opfer der Atombombe statt, das der Apostolische Inter-Nuntius, Msgr. Maximilian von Fürstenberg, zelebrierte, unter Anwesenheit von Prinz Takamatsu und Gemahlin.
Im gedruckten Programm der Feier stand am Ende eine Bemerkung in Klammern: »Für die Wand hinter dem Altar, ist ein großes Mosaik von Mariä Himmelfahrt geplant«. Dieses Mosaik wurde 1961 von Bundeskanzler Dr. Konrad Adenauer gestiftet. Es stellt freilich nicht Mariä Himmelfahrt dar, sondern den glorreichen Christus. Das gewaltige Mosaik, das von Prof. Karl Knappe gestaltet und von der Franz Mayerschen Hofkunstanstalt in München ausgeführt wurde, zeigt auf einem riesigen Lichtstrahl, der von der Decke bis zum Boden führt, die Gestalt des glorreichen Christus. Für das Material verwendete er Malachit aus Afrika, Marmor aus Italien und Norwegen, Glas aus dem Bayerischen Wald und farbige Steine aus Jugoslawien und Schweden.
Interessant ist der Eindruck eines Amerikaners, der am 6. August 1985 der Gedächtnismesse in Hiroshima beiwohnte. Er stand ziemlich hinten in der Kirche zwischen den Gläubigen und sah das Mosaik nur von Ferne im mystischen Halbdunkel. Es machte tiefen Eindruck auf ihn, aber nicht als Christus in der Glorie, sondern als Christus in der Atombombe! Er schreibt in einem preisgekrönten Aufsatz 1986: »Meine Augen zog es auf ein erschütterndes Bild des gekreuzigten Christus auf der Wand hinter dem Altar. Ein breiter Strahl von Rot und Gold geht schräg herab von oben nach unten quer über die Füße Christi. Es ist Christus inmitten der Atombombe ... Das Bild wurde mir zu einer neuen Glaubenswahrheit: Christus gekreuzigt

in Hiroshima!« (Japan Times, 13. April 1986) Noch andere Werke deutscher Künstler und deutscher Wohltäter finden wir in der Friedenskirche. Der Kreuzweg wurde gestiftet von der Stadt Münster, die Ton-Reliefs der 14 Stationen gestaltete Prof. Tophinke, ein Bruder des Jesuiten Pater Hermann Tophinke. Die Buntglas-Fenster zeigen die 15 Rosenkranzgeheimnisse. Sie sind eine Stiftung von verschiedenen Muttergottes-Wallfahrtsorten in Deutschland, Portugal, Mexiko und anderen Ländern, die Bilder schuf Prof. T. W. Vendling, die Ausführung geschah durch die Firma Derix, Kevelaer. Vor der Taufkapelle hängt ein großes holzgeschnitztes Kruzifix, ein Geschenk von Oberammergau. So haben die deutschen Katholiken, die ja in den Nachkriegsjahren keine Geldspenden nach Japan senden konnten, auf eine besonders eindrucksvolle Weise am Gelingen des Werkes mitgewirkt.

Ein Höhepunkt in der Geschichte der Kathedrale, von dem sein Erbauer nicht einmal zu träumen wagte, war der Besuch des Heiligen Vaters, Papst Johannes Pauls II. am 25. Februar 1981. Nach seinem Friedensappell an der Stätte der Atombombe besuchte er die Friedenskirche, wo die Gläubigen der Diözese Hiroshima auf ihn warteten.

Die Kathedrale von Hiroshima – Mahnung zum Frieden, Mahnung zum Gebet: Daß Gott uns den Frieden schenke, den die Welt nicht geben kann.

Die Botschaft der Weltfriedenskirche

Die mit Hilfe von Spenden aus aller Welt erbaute Friedenskirche wurde nicht nur zu dem Zweck errichtet, ein Denkmal zu sein. Sie sollte auch nach Möglichkeit für einen immerwährenden Weltfrieden wirken.

Es war schon längst eine Notwendigkeit vorhanden, daß der Krieg vollkommen abgeschafft würde. Aber mit den Erfahrungen der beiden Atombomben von Hiroshima und Nagasaki war diese Notwendigkeit nur noch dringender geworden. Trotzdem begann bald nach Abschluß des Krieges geradezu ein Wettlauf unter den Nationen in der Herstellung weiterer Atomwaffen. Und doch fragt man sich: Gibt es denn auch nur einen Menschen in der Welt, der einen dritten Weltkrieg wünscht? Tatsache ist, daß alle einen dauernden Weltfrieden wünschen. Es ist gewiß keine Übertreibung zu sagen, daß es niemals eine Zeit in der Vergangenheit gegeben hat, wo der Wunsch nach Frieden so groß war wie in der Gegenwart. Und doch sind alle voller Sorge, daß eines Tages der dritte Weltkrieg ausbricht. Man fragt sich, ob denn der Mensch der Gegenwart überhaupt imstande ist, den Krieg vollkommen zu vermeiden?

Selbst wenn er es könnte, so ist der Untergang der Menschheit noch von einer anderen Seite her bedroht durch das vertechnisierte tägliche Leben des heutigen Menschen: Jeder einzelne von uns ist gleichsam ein Rad dieser großen Maschine und muß, ob er will oder nicht, sich im selben Tempo wie die Maschine bewegen. Anderseits kann man diese Maschine nicht mehr zum Stehen bringen. Der Mensch ist in Wahrheit Sklave der Maschine geworden, die er selbst erfunden hat. Selbst wenn es keinen Krieg mehr gäbe, bleibt der Mensch bedroht durch das technisierte Leben und durch die damit zusammenhängenden psychologischen Folgen.

Dem gegenüber meinen einige Leute immer noch, daß durch eine weitere Vervollkommnung der Technik dieses Problem gelöst werden könne. Andere tun das Gegenteil und flüchten ins Irrationale. De facto kann uns weder das eine noch das andere retten. Das eben ist das verzweifelte Dilemma, vor dem der heutige Mensch steht.

Folgt nun daraus, daß es eben für den Menschen schließlich keine Rettung gibt? In Wirklichkeit gibt es für den Menschen, so wie er jetzt ist, keinen Weg aus diesem Dilemma. Dieses Dilemma ist eben dadurch entstanden, daß der Mensch sich einseitig verstandesmäßig entwikkelt hat. Deswegen kann ihm von dieser Seite allein keine Rettung kommen. In letzter Zeit spricht man bisweilen von einem »neuen Menschen«, der kommen müsse. Was ist mit diesem »neuen Menschen« gemeint? Das ist ein Mensch, dessen geistige Fähigkeit sowohl Technik als auch die Philosophie überragt. Um es mehr im einzelnen zu sagen, es ist der Mensch, der die von Einstein entdeckte vierte Dimension bewußtseinsmäßig integriert hat. Die neue Wissenschaft arbeitet schon längst mit dieser vierten Dimension, aber in das Bewußtsein des Menschen ist sie noch längst nicht eingedrungen. Infolgedessen ist zwischen dem Fortschritt der Wissenschaft und dem Menschen selbst eine Diskrepanz entstanden. Und diese Unausgeglichenheit gereicht dem Menschen manchmal zum Schaden, wofür die Atombombe das eklatante Beispiel ist. Wenn diese vierte Dimension dem Menschen bewußt würde, dann würde er den extremen Dualismus leichter überwinden. Dann würden die Beziehungen von Mensch zu Mensch und auch zwischen den Nationen von selbst friedlicher werden, und schließlich würden die Kriege von selbst aufhören.

Gegenüber dieser Auffassung werden manche oder sogar viele Menschen Zweifel anmelden. Dafür sind zwei Gründe anzuführen: Erstens, wenn der Untergang des Menschengeschlechtes unausweichlich wäre, dann wäre der Plan, den Menschen als höchstes Geschöpf zu schaffen, von Anfang an falsch gewesen. Religiös gesprochen würde das heißen, der allmächtige und allwissende Schöpfer hätte sich getäuscht. Aber auch abgesehen von der christlichen Auffassung, ist so etwas nicht denkbar. Denn, wie jedermann weiß, besteht in der großen Natur von Anfang an bis in die Gegenwart eine wunderbare Ordnung. Teilhard de Chardin sagt mit Recht, daß die Natur beständig auf ihre Vollendung hin fortschreite.

Abgesehen von diesen Gründen läßt sich noch ein weiterer anführen: Wenn man zurückgeht bis in die ersten Anfänge des Menschengeschlechtes, besser gesagt in der Geschichte des menschlichen Bewußtseins, so stoßen wir auf einen ähnlichen Zustand der unausweichlichen Not wie den, den wir heute erleben. Das war vor etwa 3000 Jahren, gegen Ende des »mythischen Menschen«, der noch nicht erwacht war zum rationalen Denken, das heute unser Stolz ist. Götter und böse Geister wurden zahlreicher und andererseits hielten Aberglaube und Zauberei den Menschen in beständiger Angst gefangen. Es fehlte auch nicht an Menschen, die sich diese Angst ihrer Mitmenschen zunutze machten. Damals kam die Rettung von einer Seite, von der es niemand erwarten konnte. Es war die Verwirklichung eines weiteren Bewußtseinsgrades (der 3. Dimension). Daher stammt die Auffassung, daß auch der Mensch der Gegenwart aus seinem Dilemma einen Ausweg findet durch einen weiteren Grad (Dimension) seines Bewußtseins. Dieses ist in der Geschichte wohlbegründet. Das ist eben die sogenannte vierte Dimension, der man sich jetzt zunehmend bewußt wird.

Das Problem des Weltfriedens ist somit in erster

Linie eine Frage des menschlichen Herzens. Das war gewiß immer schon so. Aber in der gegenwärtigen »Weltstunde« ist es so, daß der Mensch nicht zur Ruhe kommt, wenn es ihm nicht gelingt, sich die neue Dimension zu eigen zu machen. Deswegen, konkret gesprochen, kommt alles darauf an, jenes Neue zu integrieren, um einen immerdauernden Weltfrieden möglich zu machen. Das aber muß jeder Mensch selbst tun. Jedenfalls sollten wir nicht weit von uns entfernt danach suchen, sondern uns bemühen, im täglichen Leben wirklich Menschen des Friedens zu sein.

Hat nicht die Stadt Hiroshima, die von der ersten Atombombe betroffen wurde, auch hier eine besondere Sendung? Gleichzeitig mit dem Bemühen in der ganzen Welt, die Abschaffung der Kernwaffen zu erreichen, wäre es zu wünschen, daß Hiroshima auch im allgemeinen eine vorbildliche Stadt des Friedens würde.

Ich glaube an den Frieden

Ich glaube an den Frieden. Ich glaube, daß Frieden trotz Hiroshima, trotz Aufrüstung möglich ist. Zunächst würde ich sagen, daß »Friede« mehr ist als Nicht-Krieg. Wenn man heute nach Frieden ruft, dann ist wohl hauptsächlich gemeint, daß der Krieg endgültig aufhört. Aber wie das möglich ist, ist eine ganz andere Frage. Wenn wir so weit wären, daß der Krieg endgültig aufhört, dann hätten wir schon etwas Großartiges geleistet. Die Frage ist nur, wie das überhaupt möglich ist, solange der Friede in einem anderen Sinne, nämlich als Friede des Herzens nicht da ist. Wenn alle Menschen wirklich den Frieden im Herzen hätten, dann würde sich vieles andere von selbst ergeben.

Dennoch: Der Beste kann nicht in Frieden leben, wenn es dem bösen Nachbarn nicht gefällt. In Frieden leben heißt, den Frieden im Herzen haben, behaupten und bewahren, auch wenn der andere nicht den Willen hat und mich totschlagen will. Wenn ein Großteil der Menschheit diesen Frieden wirklich im Herzen hätte, würde es wahrscheinlich genügen und so viel Einfluß auf alle Menschen haben, daß ein Krieg tatsächlich vermieden werden könnte.

Es gibt nun im Christentum den Hinweis, daß der Friede Gottes Geschenk – somit Gnade – sei. Kann also der Friede von Menschen überhaupt erzeugt werden oder ist er immer ein Akt der Gnade?

Hier berühren wir einen wichtigen theologischen Punkt. Man kann überhaupt niemals unterscheiden, wie weit etwas eigene Anstrengung ist und wieweit es einem geschenkt wird. Man weiß es nicht genau. Selbst der große Theologe Karl Rahner sagt, man könne das nicht genau unterscheiden, ob etwas Gnade ist oder nicht. Ich kann vielleicht erkennen: Das ist mir geschenkt. Ich habe das nicht durch eigene Anstrengung erreicht. Dennoch hat der Mensch an der Gnade mitgewirkt. Er kann sie nämlich auch ablehnen. Dafür hat er einen freien Willen. Wichtig ist es auch, für den Frieden zu beten.

Gnade allein reicht aber nicht. Man muß auch die eigene Anstrengung unternehmen. Man muß seinen Egoismus aufgeben. Der Mensch muß sich bemühen und kann dann erwarten, daß ihm das, was er selbst nicht erreicht, geschenkt wird. Darüber hinaus gibt es Menschen, die wirklich einen unzerstörbaren Frieden haben, und die von anderen angegriffen werden, die den Frieden nicht haben.

Wenn mich einer schlägt und ich schlage ihn wieder, im Haß, dann wäre das natürlich falsch.

Aber ich kann sagen: Bitte lassen Sie das sein. Ich kann mich dagegen aber auch wehren. Z. B. hat jeder Mensch das Recht und u. U. auch die Pflicht, sein Leben zu verteidigen. Wenn man z. B. eine Familie mit Kindern hat, dann muß man auch ihr Leben beschützen. Es gibt also auch die zehn Verbote im Buddhismus. Darin steht auch: Du sollst nicht töten. Es gibt hierzu verschiedene Interpretationen. Gesetzt den Fall, ich sitze mit meiner Familie in meinem Haus, und jemand kommt herein und schlägt meine Kinder tot, dann soll ich mich dennoch nicht dagegen wehren. Die zweiten sagen: Du darfst dich wehren, um deine Kinder zu schützen. Und der dritte, der am meisten Fortgeschrittene, sieht die Dinge noch ganz anders und versucht, den so extrem wirkenden Dualismus zwischen Feind und Freund, zwischen Leben und Tod durch die einigende Kraft des erleuchteten Geistes und mit allen zur Verfügung stehenden Mitteln zu überwinden und den Angreifer von seiner Tötungsabsicht abzubringen.
Und dieser Versuch der Überwindung des Dualismus ist der wichtigste Weg zum Frieden. Jeder Mensch soll ein geistiges Leben führen und versuchen, ein besserer, vollkommenerer Mensch zu werden. Solche Wege gibt es im Buddhismus, im Christentum und auch in jeder anderen Religion. Was der Friede des Herzens ist, das ist im Grunde gleich bei jedem Menschen. Im Christentum spricht man dann von der Nächstenliebe mit dem Extremfall der Feindesliebe; im Buddhismus drückt man das anders aus und man nennt es Barmherzigkeit. In diesem Zusammenhang möchte ich auf Jean Gebser zurückkommen. Danach muß der Mensch verstehen, daß an allem Unglück in der Welt und an der Ungerechtigkeit und am Krieg er selbst mit schuld ist. Und erst wenn er es fertigbringt, kann er die Bewußtseinsänderung in sich verwirklichen, indem er versteht: ich bin schuld. Das heißt auch, daß ich verantwortlich bin, etwas Konkretes für den Frieden zu tun. Daraus folgt eine ganz andere Sicht gegenüber

Bei alljährlichem Gottesdienst der Christen und Buddhisten zum Gedenken der Opfer der Atombombe.

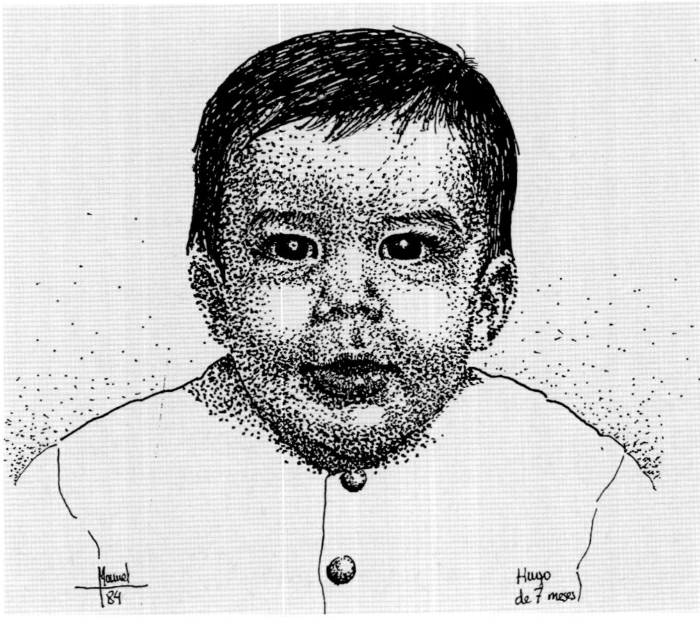

dem Kosmos und gegenüber allen alltäglichen Dingen.
Die Erkenntnis der Schuld kann man nicht logisch beweisen – logisch kann man eher sagen: »Damit, mit dem Krieg, mit der Atombombe habe ich doch gar nichts zu tun«. Erst die Erkenntnis der Einheit des Ganzen und der Menschheit führt zum echten Frieden. Alles, was ich tue, hat etwas mit der Menschheit zu tun. Wenn jemand Schlechtes tut, dann ist es nicht nur seine Sache allein. Nein, die ganze Menschheit wird dadurch auch in Mitleidenschaft gezogen. Man kann das auch umdrehen und sagen: Wenn ich eine bessere Welt schaffen will, dann muß ich bei mir, bei meiner Familie, vor allem bei meinen Kindern anfangen. Wie sollen Kinder aufwachsen, damit sie vielleicht die Möglichkeit haben, nicht die gleichen Fehler wie ihre Eltern zu begehen? Handlungen, die zu der atomaren Bedrohung geführt haben, wie wir sie heute vorfinden? Wie müssen Kinder aufwachsen, um nicht in dieses Denkschema oder in diese Gefühlsrichtung, die zur Feindschaft und zum Krieg führen, zu kommen?
Das ist ein Problem, das die herkömmliche Kindererziehung nicht gelöst hat. Die Eltern müssen auf anderen Wegen dazu beitragen, daß die Kinder lernen, den Frieden miteinander zu halten. Wenn sich aber Vater und Mutter z. B. dauernd streiten, dann geben sie für den Frieden kein gutes Beispiel ab. Wichtig ist, zuerst einmal die Erfahrung des Friedens den Kindern zu geben, vor allem, wie man auf meditativen Wegen die Aggressionen abbaut.
Ich kenne z. B. Eltern, die mit ihren Kindern kleine Zen-Erfahrungen versuchten. Selbstverständlich ist ein strenger Zen-Kurs für die Kinder nicht geeignet. Man soll ein Kind niemals zum Sitzen zwingen und länger zum Schweigen zu bringen versuchen, als es will. Wenn man aber den Kindern dieses Angebot macht, wird man staunen, wie leicht sie zum vollen Lotussitz kommen, und wie gerne sie ihre fünf Minuten für den Frieden, z. B. nach einem Streit, schweigen. Ich möchte von einer Lehrerin (in Deutschland) berichten, die mit ihren Kindern in der ersten Stunde eine gegenstandslose Meditation gemacht hat. Anschließend hat sie die Kinder gebeten zu schreiben, wie ihnen zumute ist. Von 40 Kindern haben alle bis auf eins etwas gesagt, was aus dem anderen Bewußtsein kommt, vom Mystischen her. Die Befriedung der Gedanken, der Wünsche und Gefühle im Schweigen und Sitzen nach der Art des Zen ist ein guter Weg zum Frieden. Sicher muß man das schon mit unseren Kindern anfangen.
Denn solange noch dieses Neue Bewußtsein nicht allgemein integriert ist, besteht immer noch die Gefahr, daß ein Krieg kommt. Und wenn jetzt ein Krieg kommt, dann kommt er

mit atomaren Waffen. Das wird nicht eingeschränkt. Deswegen ist die Frage richtig und äußerst wichtig: Haben wir noch so viel Zeit, dieses Neue Bewußtsein immer noch in die ferne Zukunft zu verschieben? Das ist eine ganz wichtige Frage. Ich habe den Eindruck, daß die Bemühung, den Krieg auf jeden Fall zu verhindern, beständig stärker wird. Die Einsicht ist gewachsen, daß ein Krieg keinem mehr wirklich nützt. Daß also keiner den Krieg unbedingt will, ist heutzutage eine allgemeine Erkenntnis. Es besteht aber immer noch die Gefahr, daß ein Irrtum geschieht, der dann den Krieg auslösen würde. Das ist bei menschlicher Unzulänglichkeit eine wirkliche Gefahr. Neben allen Friedensverhandlungen zur Abschaffung der atomaren Bedrohung ist das Allerwichtigste das ganzheitliche Wahrnehmen. Das heißt, ein Wahrnehmen, das immer auch das Ganze mit bedenkt und auf diese Weise den extremen Dualismus, also die Wurzel der Feindschaft und des Krieges, überwindet. Durch diese Fähigkeit integriert der Mensch nicht nur selbst die neue Struktur, sondern wird durch seine bloße Gegenwart auf seine Umgebung in derselben Richtung wirken. Die Wahrnehmung des Ganzen hängt ohne Zweifel eng mit der Durchsichtigkeit zusammen. Man kann sich diese Fähigkeit freilich weder durch Willensanstrengung noch durch Imagination aneignen. Um sie sich anzueignen, muß man darauf bedacht sein, auf vorgefaßte Meinungen, vorausträumende Wünsche und blind waltende Forderungen zu verzichten. Nur wo Egoismus überwunden ist, kann allmählich das Gleichgewicht aller in uns veranlagten Komponenten und Bewußtseinsstrukturen erreicht und der Mensch zur Durchsichtigkeit und zum ganzheitlichen Wahrnehmen, somit auch zur Friedfertigkeit, befähigt werden.

Und gerade in diesem Punkt kommt es u. a. auf Meditation an. Die Meditation, vor allem die ungegenständliche Meditation wie Zen, befähigt uns, den latenten Dualismus und die daraus resultierende Feindschaft mit der Folge des Krieges aufzufangen und das kosmische Ganze als eine Einheit zu erfahren. Von dieser Erfahrung der Einheit her wird allmählich die Feindschaft und der Krieg in uns selbst und in unserer Umwelt überwunden.

V
Zen für Christen

Meine Zen-Meister

Der Zen-Meister Harada, der die Sōtō-Schule mit der Kōan-Praxis der Rinzai-Schule verbunden hat, hat für mich eine sehr große Bedeutung gehabt, obwohl ich bei ihm keine Bestätigung der Erleuchtung bekommen habe.
Der nächste Zen-Meister, Nachfolger von Harada nach dessen Tod 1961, hieß Yasutani. Er hat für die japanische Ausgabe meines Buches »Zen – Weg zur Erleuchtung« ein Vorwort geschrieben. Er hat das Buch sehr gründlich studiert. Ich habe ihm die japanische Übersetzung gegeben, und er hat den Text das ganze Jahr behalten und dann sagte er, er sei bald fertig, er müsse aber das Buch noch einmal lesen. Er hat in diesem Vorwort geschrieben, ich solle noch einmal von vorn anfangen, um zur Erleuchtung zu kommen. Und er hat ganz recht gehabt. Denn nach der Harada-Schule ist das Ziel des Zen, zur Erleuchtung zu kommen. Er meinte, ich sollte später, wenn ich die Erleuchtung erlebt habe, noch einmal Bücher über Zen schreiben. Und das habe ich getan.
Das meiste verdanke ich doch dem Zen-Meister Yamada, der nach dem Tod von Yasutani, 1973, mein Zen-Meister geworden ist. Er war zunächst ein Industrieller und ist danach auch zum Zen gekommen.
Rōshi Yamada hat früher in einer großen Ölfirma gearbeitet und war ein tüchtiger Geschäftsmann. Seine Frau ist Ärztin.
Als er die Altersgrenze erreicht hatte, trat er zurück und widmete sich ganz der Zenmeditation, was ihn aber nicht davon abhielt, in einem Krankenhaus das Amt eines Direktors zu übernehmen. Für seine Zenkurse benutzte er zunächst ein Zimmer in der Sprachschule der Jesuiten. Später baute er in Kamakura neben seinem Hause eine Zenhalle, wo seine Schüler jeden Abend 3–4 Stunden meditieren können. Dazu kommen dann die laufenden »Sesshins« (Meditationskurse), an denen man mehrere Tage vom frühen Morgen bis abends mit nur kurzen Unterbrechungen Meditationen macht. Das Essen ist vegetarisch. Meistens werden auch 30 Minuten für körperliche Arbeit freigegeben. Viele kommen vom Ausland, vor allem Deutsche und Amerikaner, um bei Rōshi Yamada Zen-Meditation zu lernen. Interessant dürfte sein, daß Herr Yamada seine Kinder alle auf

katholische Schulen schickte. Er wünscht keineswegs, daß seine christlichen Schüler ihren Glauben aufgeben, um Buddhisten zu werden. Für ihn bedeutet Zen-Meditation nur einen Weg, um durch Erleuchtungen Gott und dem Absoluten näherzukommen.
Er hat viel Verständnis für die Ausländer, zumal er allmählich mehr und mehr Englisch gelernt hat. Es gibt meines Wissens keinen japanischen Meister, der so viele Ausländer zur Erleuchtung geführt hat. Yamada ist Laie, nicht Mönch. Aber als Zen-Meister steht er genauso hoch in der Zen-Hierarchie wie ein Mönch. Um Zen-Meister zu werden und von Yamada anerkannt zu werden, muß man zunächst die Erleuchtung bekommen und auch mehrere Kōans lösen. Und erst dann bekommt man eine Erlaubnis zum Lehren des Zen. Dazu gehören eigentlich nicht nur die Erleuchtung und die Lösung der Kōans, sondern auch ein gewisser Charakter und die Fähigkeit, andere Leute zu führen. Alle in Deutschland wirkenden Zen-Lehrer haben von ihm die Befugnis bekommen, aber diese Befugnis ist konditioniert. Wenn wir z. B. in Deutschland eine Erleuchtung feststellen, und jemand nach Kamakura zum Zen-Meister Yamada kommt, dann will er zunächst diese Erleuchtung prüfen. Um darin weiterzukommen, muß man mehrere Erleuchtungen durch ihn bestätigt bekommen. Erst danach bekommt man von ihm bestimmte Titel, dessen höchster »Siegel des Meisters« heißt. Erst dann ist man soweit, daß man selbständig ist, andere Meister zu ernennen. Von den deutschen Meistern hat kein einziger dieses Siegel, das zur Ernennung anderer Meister notwendig ist.
Als erste katholische Ordensleute haben ich und Sr. Elaine MacInnes, jetzt Zen-Meisterin auf den Philippinen, 1980 die offizielle Befugnis, Zen zu lehren, von Rōshi Yamada bekommen. Danach kamen andere, die nun u. a. in Deutschland mit Anerkennung von seiten des Zen-Meisters Yamada Zen lehren. Tausende der deutschen Zen-Schüler kommen durch ihre in Japan ausgebildeten Meister also auch aus der Yamada-Zen-Schule.

Apologia pro vita sua (1962)

In Rom hatte man mir 1962 zur Kenntnis gegeben, daß im Heiligen Offizium die Einwände gegen mein Buch »Zen – Weg zur Erleuchtung« zu meiner Verurteilung führen könnten.
Damals war Provinzial in Japan Pedro Arupe. Er hat vom Ordensgeneral einen Brief bekommen, in dem stand, daß die englische Übersetzung meines Buches nicht gedruckt werden darf und daß ich kein Meditationszentrum in der Nähe von Hiroshima bauen dürfe. Man hatte keine ausdrücklichen Einwände meinem Buch gegenüber angemeldet, aber ich vermute, daß der Gedanke für den Vatikan unerträglich war, daß etwas Heidnisches plötzlich den Christen Hilfe leisten sollte. Vor dem Zweiten Vatikanum war es eine allgemeine Meinung, daß das Heidnische nichts mit dem christlichen Heil zu tun habe. Wie es später das Konzil formuliert hat, habe ich immer die Meinung vertreten, daß jeder Mensch, wenn er nach seinen Überzeugungen und gut menschlich lebt, auf das christlich verstandene Heil hoffen darf. Keiner kann doch ohne eigene Schuld verdammt werden. Es gibt doch keine zwei Himmel: Einen für Christen und einen anderen für die Heiden. Aber gerade diese Schwierigkeit haben auch die Japaner. Da war ein alter guter über 90jähriger Mann, den ich gut kannte. Obwohl er dem Christentum sehr zugewandt war, hat er sich

geweigert, sich taufen zu lassen, weil er mit seinen verstorbenen, nicht getauften Verwandten dann nicht in einem Himmel sein würde. Deswegen, als ich als Sekretär meinen Bischof von Hiroshima zum 2. Vatikanischen Konzil nach Rom begleitete, habe ich ein Schreiben an meinen Jesuiten-General gerichtet, in dem ich einige Punkte über Studium und Praxis der Zen-Methode für das Apostolat, insbesondere in Japan, erörtert habe.

– Die Übersetzung des lateinischen Begleitschreibens an den General des Jesuitenordens zur in Englisch verfaßten Verteidigungsschrift:

Rom, 5. Juli 1962

Sehr verehrter Pater in Christo,
von Herzen bedanke ich mich bei Ihnen für das Gespräch, das mir am 3. dieses Monats ermöglicht wurde.
Grundsätzliche Punkte, die ich damals zur Frage »Zen« Ihnen vorgetragen habe, waren folgende:
1. Ob das Buch unter dem Titel »Zen – Weg zur Erleuchtung«, wegen der entgegengesetzten Urteile mancher Patres Zensoren aus dem Verkehr gezogen, nach Berücksichtigung der Korrekturwünsche der Zensoren doch zur Veröffentlichung (in Englisch) freigegeben werden darf.
2. Ob die Körperhaltung, die in der Meditation nach der Art des »Zazen« verwendet wird, von uns während der Meditation oder des Gebetes angewandt werden darf, oder genauer gesagt, ob man diese Methode – mindestens in Japan – anwenden darf, vorausgesetzt, daß alle der katholischen Religion fremden Elemente ausgeschlossen würden, so daß nur die Methode selbst durch die geoffenbarten Wahrheiten geheiligt würde.
3. Ob es günstig ist, in Zusammenarbeit mit unserer Musikhochschule »Königin Elisabeth« in Hiroshima irgendein Werk – um nicht zu sagen Institut – zur Einübung der westlichen und östlichen Mystik zu gründen oder mindestens vorzubereiten.
Nachdem ich Ihnen dies vorgetragen habe, scheint mir, daß im Grundsätzlichen Übereinstimmung erzielt worden ist. Damit aber kein Irrtum meinerseits entsteht, habe ich meinen Standpunkt zu Papier gebracht, und erbitte demütig Ihre Richtlinien.
Ihr ergebener Sohn H. M. Enomiya S. J.

(1.) *Betreffend das Buch »Zen – Weg zur Erleuchtung«:* Eine Übersetzung des Buches in die englische und andere Sprachen erscheint aus zwei Gründen wünschenswert:
Erstens: Missionare in Japan, die kein Deutsch lesen können, wollten eine verläßliche Information darüber erhalten, die für Japan vom katholischen Gesichtspunkt aus von Bedeutung ist.
Zweitens: der Verleger versucht gemäß den Vertragsvereinbarungen Übersetzungsmöglichkeiten zu finden. Ich fühle mich verpflichtet, in der einen oder anderen Art und Weise die Situation aufzuklären.
Im Falle irgendeiner Übersetzung wäre es natürlich notwendig, die anstößigen Punkte zu kennen und sie zu korrigieren. Vielleicht wäre es besser, den Titel des Buches zu verändern. Um der Information willen möchte ich anfügen, daß ich in dieser Angelegenheit ein Gespräch mit Seiner Eminenz, dem Kardinal von Köln [Kardinal Frings] hatte, der das Buch sehr sorgfältig gelesen hat. Er sagte, daß er gern gewußt hätte, warum man das Buch aus dem Verkehr gezogen hätte. Er sagte, der beanstandete Punkt könnte korrigiert und eine neue Ausgabe gemacht werden.

(2.) *Betreffend der Gründung eines Instituts zur Forschung von östlicher und westlicher Mystik* in Verbindung mit der Musikhochschule »Königin Elisabeth« in Hiroshima: Wir haben bereits die Monatszeitschrift »Ars et Mystica«, die bei einer Reihe von Leuten inkl. buddhistischen Bonzen auf großes Interesse gestoßen ist. Der Plan für das gesamte Programm dieses Kollegs wurde zusammen mit der Petition zur Angliederung an das Kolleg für Kirchenmusik in Rom übergeben. Das Programm enthielt auch eine bestimmte Anzahl von Vorlesungen über Zen-Buddhismus. Solch ein Institut, verbunden mit praktischen Erfahrungen, wäre einzig in seiner Art.

Das Studium dieser Probleme scheint für unser Apostolat in Japan von großer Bedeutung zu sein, weil der Zen-Buddhismus einen tiefen Einfluß auf die japanische Kultur hat. Nebenbei gesagt, können viele oder die meisten Nicht-Christen in Japan leichter für die Konversion durch Askese oder sogar durch Mystik erreicht werden als durch Apologetik und Dogmatik. Außerdem ist unter den Konversionen, die wir bis jetzt in Japan haben, ein großer Teil dieser Menschen in physischer oder geistiger Not oder bis zu einem gewissen Grade verwestlicht, während Konversionen von denen, die tief von der japanischen Kultur erfüllt sind, welche immer noch der wirkliche Kern des japanischen Volkes ist, selten sind. Diese oftmals sehr guten Familien haben eine große Bewunderung für den Katholizismus, aber wenn sie das aufrechterhalten möchten, was sie geistig geerbt haben, sehen sie nicht, wie man beides miteinander verbinden kann. Diese Betrachtungsweise gehört zu ihrem Wesen.

Um es konkret zu sagen: Es ist eine Tatsache, daß die Übung des Zazen vor allem bei den gebildeten oder intellektuellen Menschen in Japan sehr populär ist. Erst kürzlich erzählte mir ein katholischer Student, der auch Zazen in einem Zen-Tempel macht und zugleich seinen katholischen Glauben sehr eifrig praktiziert, daß einige seiner nicht-christlichen Kommilitonen sich zur katholischen Religion hingezogen fühlten, aber nicht wüßten, wie sie beides miteinander vereinen könnten.

Wenn man klar entscheiden würde, daß solch eine Abteilung (Institut) innerhalb des Kollegs der Hochschule »Königin Elisabeth« gegründet werden sollte, würde man, so glaube ich, dafür in Europa finanzielle Unterstützung bekommen, vorausgesetzt das Institut wird rein wissenschaftlich betrieben.

(3.) Betreffend der *praktischen Übung der Zen-Meditation*, angepaßt an den Katholizismus: *Für Nicht-Katholiken, Laien und Bonzen:* Die Praxis des Zazen nimmt nach einem Rückgang nach dem Kriege wieder zu. Z. B. hatte vor 5 Jahren noch eine Vereinigung von regelmäßig Zen-Übenden, die zu dem großen Tempel der Sōtō-Zen-Sekte, Sooji in Yokohama, angehörten, 200 Mitglieder oder sogar noch weniger. Zur Zeit sind es 1500 Angehörige, und eine große Zahl von ihnen sind Lehrer, Universitätsprofessoren, Ärzte, Geschäftsleute, Regierungsbeamte etc.

Wenn wir daher eine Art von Exerzitien organisieren könnten, die bis zu einem gewissen Grade die Zen-Methode gebraucht, könnten wir die gleichen Leute anziehen und nach einiger Zeit würden wir vielleicht mehr Teilnehmer als die Zen-Meister der Buddhisten haben. Gewöhnlich sind jene Menschen für den katholischen Glauben gut disponiert, sind sich aber dessen nicht bewußt. Natürlich gibt es auch Menschen, die, obgleich sie noch nicht getauft sind, die Exerzitien des Hl. Ignatius mit großem

Gewinn machen können. Aber sie sind in Richtung der katholischen Religion weiter fortgeschritten, sie kennen schon die wesentlichen Dinge unserer Religion, z. B. den Katechismus, während jene oben Erwähnte an den Exerzitien, wie wir sie geben, noch kein Interesse haben würden.
Für Katholiken: Für die japanischen Katholiken sind unsere geistigen Übungen (Exerzitien) sehr gut und werden sehr geschätzt, obgleich sie ein wenig dem östlichen Geist angepaßt sind; z. B. wäre es von Nutzen, mehr Zeit für die Meditation einzuräumen, als es normalerweise bei Laien üblich ist. Daher wäre es nicht am Platz, die Exerzitien für die Katholiken zu ersetzen, wie sie jetzt von anderen gegeben werden, die mehr in der östlichen Weise, wie die Zen-Exerzitien, sind. Aber einige möchten sicherlich auch Exerzitien in der östlichen Weise haben, und vielleicht möchten sogar viele an der letzteren teilnehmen, wenn sie dazu Gelegenheit hätten.
In der Tat gibt es nicht wenige katholische Universitätsstudenten, die sehr gern zu den Zen-Exerzitien gehen, die in den Tempeln und Zen-Klöstern gegeben werden; einige nehmen daran teil, wie bereits oben erwähnt wurde. Es kann darüber kein Zweifel sein, daß es für sie besser wäre, von einem katholischen Priester als von einem buddhistischen Bonzen geführt zu werden.
Aber was auch immer über Katholiken in Japan gesagt wird, die an Exerzitien in Tempeln oder an irgendwelchen Zen-Exerzitien, die von einem katholischen Priester geleitet werden, teilnehmen – im Fall, daß wir solche Exerzitien für Nicht-Christen arrangieren, ist es sehr zu wünschen, daß wenigstens einige Katholiken mit ihnen sind, weil während solcher Exerzitien katholische Gebete gesprochen werden sollten und man die Hl. Messe feiern sollte. Um dies in der richtigen Weise zu tun, ist die Hilfe der Katholiken notwendig, sie werden wenigstens als Laien-Apostel benötigt.
Wenn sie nicht anwesend wären, würden sich die Nicht-Christen während der Gebete und Zeremonien verwirrt fühlen, die sie noch nicht verstehen.
Es gibt auch japanische Seminaristen und einige junge japanische Priester, die Zazen üben möchten, und vielleicht gehen sie auch während der Ferien zu den Tempeln, um am Zazen teilzunehmen. Es gibt auch Fälle, wo japanische Priester beleidigt wurden, weil ausländische Missionare in verächtlicher Weise über Zen sprachen. Natürlich gibt es auch japanische Priester, die streng dagegen sind, obwohl sie nicht viel über und von Zen wissen.
(4.) Die *Zen-Methode,* angepaßt an den Katholizismus: Es gibt viele verschiedene Wege, diese Methode entsprechend den verschiedenen Sekten und den einzelnen Zen-Meistern anzuwenden. Wir müssen unseren eigenen Weg finden. Es gibt im wesentlichen 3 Stufen, die zu unterscheiden sind.
Die erste Stufe: Die Haltung des Körpers, wie sie die Zen-Meister lehren. Tiefes und ruhiges Atmen, ohne komplizierte Atemübungen zu lehren, wie es beim Yoga der Fall ist. Es soll viel Zeit für die Meditation und weniger für die Reden des Leiters gegeben werden. Man soll die Menschen über das Ziel des Menschen (finis hominis), über andere Glaubenswahrheiten der katholischen Kirche oder über Teile des Evangeliums meditieren lassen. Die innere Haltung soll immer in Ehrfurcht und Demut auf Gott gerichtet sein, wenigstens im Unterbewußtsein. Wenn natürlich der Exerzitant ein Nicht-Christ ist, kann der obige Punkt am Anfang nur insoweit betont werden, als er schon einigen Glau-

ben an Gott hat. Wenn er noch keinen Glauben hat, ist es das erste Ziel der Exerzitien, ihn dahin zu führen. Selbstverständlich kann alles nur mit Gottes Gnade geschehen.
Die zweite Stufe: Diese Stufe enthält zwei Dinge; die erste ist völlige Loslösung. Dies geschieht dadurch, daß man die Sinne von außen nach innen richtet zusammen mit dem Atem-Rhythmus und alle Gedanken aus dem Kopf entfernt und sie in das Herz oder den Bauch leitet. Das Richten der Sinne nach innen und die Entfernung der Gedanken aus dem Kopf, was das Aufhören von philosophischen Überlegungen und Denken bedeutet, wird auch von den christlichen Mystikern gelehrt, und zwar für solche, die wirklich spirituell werden wollen. Und es ist tatsächlich so, daß im Zeitpunkt einer mystischen Erfahrung das Denken eingestellt ist.
Das zweite auf dieser zweiten Stufe ist, daß der Exerzitant früher oder später in einen Zustand tiefer Sammlung kommt, ähnlich dem Zustand beim Gebet der Sammlung, wie es genannt

wird. In diesem Zustand soll der Meditierende, wenn er sich durch Gnade dahin gezogen fühlt, in einfacher Weise zu Gott, zu unserem Herrn Jesus oder zu den Heiligen beten.
Für diese zweite Stufe wäre es lohnend, diese mit dem wunderschönen Gebet von Pater Lessius S. J. zu vergleichen:
»Converte, obsecro, cor meum ad Te introrsum in fundum animae meae, ubi silente creaturarum strapitu et importunatorum cogitationum cessante tumultu, Tecum commorer, Te semper praesentem cernam, Te amem et venerer...« (Ich bitte Dich, wende mein Herz zu Dir bis auf den Grund meiner Seele, wo ich im Schweigen vom Geräusche der Geschöpfe, ungehindert vom Aufruhr störender Gedanken, bei Dir weile, Dich immer gegenwärtig finde, Dich liebe und verehre...)
Es erübrigt sich zu erwähnen, daß nicht jeder, der für die erste Stufe geeignet ist, es auch für die zweite ist. Es obliegt dem Leiter zu entscheiden, ob der Exerzitant fortfahren soll oder nicht. Wenn er es möchte, muß er auf jeden Fall für die vollständige Loslösung bereit sein, und er muß gleichzeitig Geduld und Ausdauer haben.
Die dritte Stufe: Bis jetzt haben wir über Erleuchtung nichts gesagt. Darüber sollte auf der ersten und zweiten Stufe auch nichts erwähnt werden. Diese dritte Stufe befaßt sich mit der Erleuchtung. Die bisherige Methode verändert sich nicht. Es hängt von der natürlichen Disposition, vom Eifer und vielleicht auch von Gottes Gnade ab, ob und wann einer Erleuchtung bekommt. Wenn einer zu viel daran denkt, bekommt er sie nicht, weil der Geist noch nicht von allen Dingen losgelöst ist. Daher wünschen auch viele Zen-Meister nicht, daß ihre Schüler an Erleuchtung denken.
Ich möchte lediglich sagen, daß es vom Standpunkt des Apostolats von großem Wert wäre, wenn einige Menschen – es werden immer nur wenige sein – zur Erleuchtung in Exerzitien kommen, die von einem katholischen Leiter geführt werden, weil es dann einen eindeutigen Beweis gäbe, daß die Erleuchtung auch in der katholischen Religion möglich ist.
Eine solche Tatsache wäre eine wirksame Propaganda für die katholische Religion. Die Menschen würden verstehen, daß alles, was in ihrer Religion wertvoll ist, auch in der katholischen Religion möglich ist. Mit anderen Worten: Das Zen würde seine Bedeutung als Hindernis für das Christentum verlieren. In der gegenwärtigen religiösen Lage Japans, wo viele Menschen die katholische Kirche bewundern, könnte solch ein Faktum einen starken und vielleicht entscheidenden Einfluß auf die Bekehrungen in diesem Land haben.
Wenn darüber hinaus ein katholischer Missionar eine wirkliche Erleuchtung erfährt, die im Sinne des Zen echt ist, wäre er imstande, mit den Zen-Leuten, auch von deren Standpunkt, in gleichen Begriffen zu sprechen. Dies wäre die beste Voraussetzung, auch unter den Zen-Bonzen, die im Augenblick von allen buddhistischen Bonzen in Japan die meist geschätzten sind, Übertritt zum Christentum möglich zu machen.

Die im Jahre 1963 vom Jesuitengeneral Janssens auf dieses Schreiben hin gegebenen »Normae Servandae in usu methodi ›Zen‹« haben einen negativen und einschränkenden Charakter. Der Geist des 2. Vatikanischen Konzils hat erst die Türe fürs Zen unter Christen geöffnet.

Besuch auf dem Athos (1962)

Als ich zur Zeit dieser römischen Beanstandung und meiner Antwort darauf mein Buch »Zen-Buddhismus und Christentum« schrieb, wollte ich noch feststellen, inwieweit die östliche Mystik, die besonders auf dem Berg Athos noch heutzutage gepflegt wird, dem Zen nahesteht. Als ich dann nach Europa kam, habe ich mich ziemlich plötzlich entschieden, nach Athos zu kommen und mir Erfahrungen über die östliche Mystik zu sammeln. Als ich in Rom im orientalischen Institut wohnte, habe ich einiges darüber gelesen und kam nach meinem schnellen Entschluß zum Berg Athos.

Im Nord-Osten Griechenlands südlich von Makedonien, der Heimat Alexanders des Großen, erstreckt sich die Halbinsel Chalkidike mit drei Armen in das Ägäische Meer. Der östliche Arm wird »Agion-Oros-Athos«, d. h. der heilige Berg Athos, genannt. Der 1935 m hohe Berg Athos selbst liegt an der äußersten Südspitze dieses Armes. Nach der griechischen Mythologie wurde er von einem erzürnten Gott dorthin geschleudert und wurde deswegen von den alten Griechen heilig gehalten. Die christliche Legende erzählt, daß der Prophet Elias schon dort gewesen sei und hält ihn daher heilig im christlichen Sinne. Wenn man die einzigartig schöne Gestalt des sich aus der tiefblauen See majestätisch erhebenden Berges sieht, wundert man sich nicht, daß er seit Jahrtausenden von Sagen und Legenden umwoben ist.

Das ganze Gebiet des Agios-Oros-Athos, das wir weiter einfachhin mit »Athos« bezeichnen werden, ist etwa 75 km lang und durchschnittlich 15 km breit. Politisch ist es eine sog. Mönchs-Republik, die unter griechischer Oberhoheit steht. Außer den 20 großen Klöstern gibt es dort »Skiten« d. h. kleinere Häuser, in denen drei oder vier Mönche leben, und Einsiedeleien. Der Athos ist nur von Mönchen und einer Anzahl Arbeiter, die im Dienste der Mönche stehen, bewohnt. Frauen haben keinen Zutritt, weder als Arbeiterinnen noch als Touristen und Pilger. Ja, selbst die weiblichen Maultiere und Hündinnen werden nicht geduldet. Eine Ausnahme bilden die Hühner.

In seiner Naturschönheit, seiner Stille und Abgeschlossenheit bietet dieser Mönchsstaat eine wohl heute sonst nirgendwo in solchem Maße bestehende Möglichkeit für das kontemplative Leben. Das Mönchtum dort feierte im

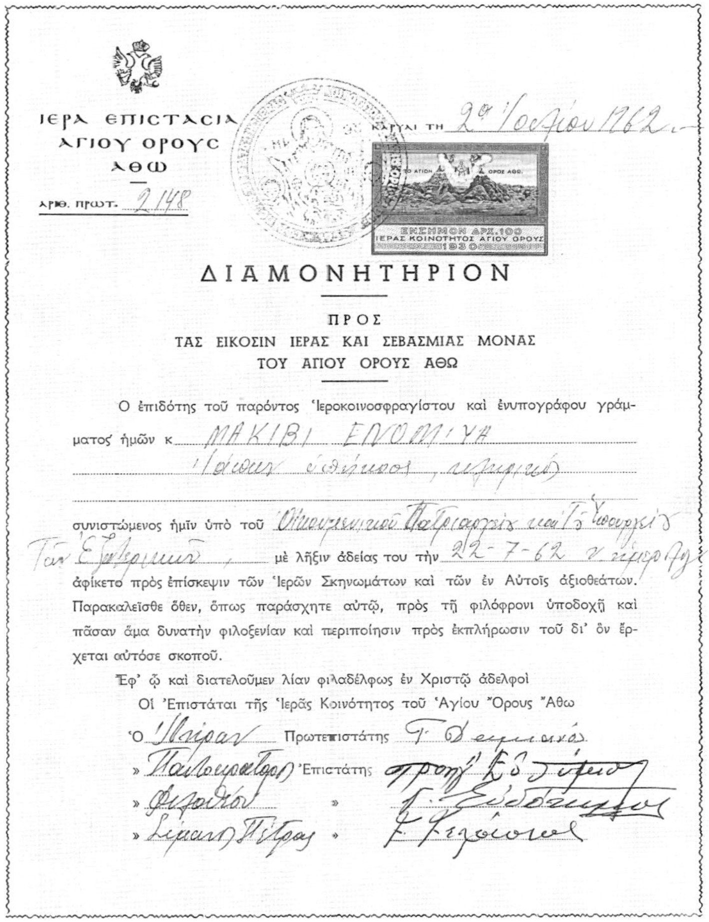
ΙΕΡΑ ΕΠΙΣΤΑΣΙΑ
ΑΓΙΟΥ ΟΡΟΥΣ
ΑΘΩ

ΑΡΙΘ. ΠΡΩΤ. 2148

ΚΑΡΥΑΙ ΤΗ 2α Ιουλίου 1962

ΤΟ ΑΓΙΟΝ ΟΡΟΣ ΑΘΩ.
ΕΝΣΗΜΟΝ ΔΡΧ.100
ΙΕΡΑΣ ΚΟΙΝΟΤΗΤΟΣ ΑΓΙΟΥ ΟΡΟΥΣ

ΔΙΑΜΟΝΗΤΗΡΙΟΝ

ΠΡΟΣ
ΤΑΣ ΕΙΚΟΣΙΝ ΙΕΡΑΣ ΚΑΙ ΣΕΒΑΣΜΙΑΣ ΜΟΝΑΣ
ΤΟΥ ΑΓΙΟΥ ΟΡΟΥΣ ΑΘΩ

Ο ἐπιδότης τοῦ παρόντος Ἱεροκοινοσφραγίστου καὶ ἐνυπογράφου γράμματος ἡμῶν κ. MAKIBI ENOMIYA [illegible]

συνιστώμενος ἡμῖν ὑπὸ τοῦ [illegible] μὲ λῆξιν ἀδείας του τὴν 22-7-62 [illegible]

ἀφίκετο πρὸς ἐπίσκεψιν τῶν Ἱερῶν Σκηνωμάτων καὶ τῶν ἐν Αὐτοῖς ἀξιοθεάτων. Παρακαλεῖσθε ὅθεν, ὅπως παράσχητε αὐτῷ, πρὸς τῇ φιλόφρονι ὑποδοχῇ καὶ πᾶσαν ἅμα δυνατὴν φιλοξενίαν καὶ περιποίησιν πρὸς ἐκπλήρωσιν τοῦ δι' ὃν ἔρχεται αὐτόσε σκοποῦ.

Ἐφ' ᾧ καὶ διατελοῦμεν λίαν φιλαδέλφως ἐν Χριστῷ ἀδελφοί

Οἱ Ἐπιστάται τῆς Ἱερᾶς Κοινότητος τοῦ Ἁγίου Ὄρους Ἄθω

Ὁ [illegible] Πρωτεπιστάτης [illegible]

» [illegible] Ἐπιστάτης [illegible]

» [illegible] » [illegible]

» [illegible] » [illegible]

Jahre 1962 sein tausendjähriges Bestehen. Es gehört bekanntlich der Orthodoxen Kirche an und untersteht kirchlich dem Patriarchen von Konstantinopel. Lange Zeit unterstand der Athos der türkischen Regierung, aber obwohl diese mohammedanisch ist, hat sie das Mönchsleben nie gestört, sondern sogar protegiert.
Die Eigentümlichkeit der politisch-religiösen Verhältnisse auf dem Athos bringt es mit sich, daß es etwas kompliziert ist, die Erlaubnis für den Besuch dieser Mönchsrepublik zu erhalten. Man braucht sowohl die Zustimmung des Patriarchen von Konstantinopel als auch die der griechischen Regierung in Athen. Mit diesen zwei Dokumenten geht man zum Sitz des Gouverneurs auf dem Athos und bekommt gegen Zahlung von 100 Drachmen (= ca. DM 1,45) die Erlaubnis, alle Klöster auf dem Athos zu besuchen und dort kostenlos Unterkunft und Verpflegung zu finden (s. o., S. 91).
Da es oft lange dauert, bis man die Erlaubnis vom Patriarchen auf schriftlichem Wege bekommt, flog ich (am 8. Juli 1962) von Rom direkt nach Konstantinopel und suchte die Residenz des Patriarchen auf. Ich fand dort großes Entgegenkommen und erhielt die Erlaubnis noch am selben Tage. Der Besuch dort hat sich auch noch aus einem anderen Grunde gelohnt, insofern nämlich, als ich dort den Metropolit Konstantinidis kennenlernte und von ihm wertvolle Informationen für den Besuch auf dem Athos erhielt. Der Metropolit hat übrigens, trotz seiner Zugehörigkeit zur orthodoxen Kirche, in Rom am Päpstlichen Orientalischen Institut studiert und hat deswegen auch gegenüber der katholischen Kirche eine weitherzige Einstellung. Ich sagte ihm, daß es mir bei meinem Besuch auf dem Athos besonders daran liege das »Jesus-Gebet«, auch »Hesychasmus« genannt, besser kennenzulernen, weil es mich wegen gewisser Ähnlichkeiten mit den ostasiatischen Meditationsmethoden, Yoga und Zen, interessiere.
Bekanntlich besteht jene Gebetsweise darin, daß man bei jedem Atemzug den Namen Jesu anruft. Genaueres darüber wollte ich nachher aus dem Munde der Hesychasten selbst hören. Es wäre mir am liebsten gewesen, eine praktische Einführung in das Gebet zu bekommen, um seine Wirkungen aus Erfahrung kennenzulernen. Aber schon in Konstantinopel sagte man mir, daß der Erfolg dieses Experiments von der Körperbeschaffenheit des einzelnen abhinge und wenigstens 6 Wochen in Anspruch nähme, da diese Zeit notwendig sein, um mit dem geistlichen Führer eine innere Beziehung herzustellen. Es blieb mir daher nichts übrig, für dieses Mal auf das Experiment zu verzichten.
Am Morgen des 15. Juli bestiegen wir das Schifflein in Ierissos, das uns zum Ziel unserer Reise bringen sollte.
Blicken wir zusammenfassend zurück auf alles, was wir in mehrtägigen Gesprächen über den Hesychasmus gehört haben, so können wir uns fragen, ob diese Gebetsweise eine Beziehung zu den östlichen Meditationsmethoden, zu Yoga bzw. Zen, hat. Wenn man die Gebetstechnik, zumal die Verbindung zwischen Gebet und Atmung vergleicht, so sind gewisse Ähnlichkeiten nicht zu verkennen. Das Jesusgebet geschieht in der Weise, daß beim Einatmen der Name Jesu, nämlich »Jesus Christus, Sohn und Wort des lebendigen Gottes und Maria's« und beim Ausatmen »Erbarme dich meiner, des Sünders« gesprochen wird. Das Denken (den Geist) aus dem Kopf in das Herz verlegen, schließt notwendig ein, daß man das diskursive Denken ganz aufgibt; denn das ist nach unserer menschlichen Vorstellung nur im Kopf möglich. In Yoga und Zen wird großer Wert auf das

richtige Atmen gelegt. Auch dort soll man die Gedanken aus dem Kopf und nach unten verlegen, freilich nicht in das Herz sondern in den Unterleib unterhalb des Nabels. Es scheint, daß man ursprünglich auch auf dem Athos sich auf diese Stelle des Körpers konzentriert hat und diese Technik Nabelbeschauung (von daher der griech. Name: Hesychasmus) nannte. Da ist freilich längst ein Wandel eingetreten. Man sagte mir ausdrücklich, daß die Nabelbeschauung »nicht mehr« gemacht würde. Es dürfte nicht leicht sein festzustellen, wann diese Umstellung stattgefunden hat.

Sicher ist gegenwärtig ein großer Unterschied in dieser Beziehung vorhanden. Denn jetzt kommt es beim Jesusgebet für die Anfänger darauf an, den »Ort des Herzens« zu finden, während es in Yoga und Zen darauf ankommt, den Ort des »Hara« zu finden im Sinne des Schwerpunktes im Körper. Von den Hesychasten wird, wie ich in mehreren Gesprächen gehört habe, behauptet, daß schließlich das Herz selbst das Jesusgebet spricht, und zwar ununterbrochen bei Tag und bei Nacht, so daß man vom Hinhorchen auf das Herz reden kann. Was die Kontinuität betrifft, so finden wir, wenn man vom Inhalt des Gebetes absieht, eine Parallele im Zen. Es gibt dort z. B. das Koan »Mu«, bei dem in bestimmter Verbindung mit dem Atem das »Mu« (= Nichts) beständig wiederholt wird. Erfahrene Zenmeister aber wissen, daß diese Übung mit dem Mu Tag und Nacht, und selbst im Schlafe fortgesetzt werden kann. Die Tatsache, daß man manchmal meint, Ikonen zu sehen bei der Übung des Hesychasmus, hat seine genaue Parallele in Yoga und Zen. Im Hesychasmus nennt man das Teufelswerk, im Zen »Makyō« d. h. Teufelswelt. Beide lehren, daß man sich nicht auf solche »Visionen« einlassen darf.

Für unsere Frage ist auch die Geschichte des Jesusgebetes sehr wichtig. Darüber ist bereits viel studiert und auch geschrieben worden. Um nur einiges anzuführen von den Ergebnissen dieser Forschungen: Es steht fest, daß die Ursprünge dieses Gebetes, was den psychisch-physischen Teil betrifft, sich bereits bei den »Vätern in der Wüste« des 4. und 5. Jahrhunderts nachweisen lassen. Sobald die Anrufung des Namens Jesu hinzukam, war das Jesusgebet geschaffen. Das geschah spätestens zur Zeit des Johannes Klimakus († 649); denn dieser hat dieses Gebet bereits propagiert. Es wurde viel geübt von den Mönchen auf dem Sinai. Von dort kam es durch Gregorius Sinaita (1346) zum Athos, wo es weiter entwickelt wurde. Die Frage ist also, ob die Väter in der Wüste den psychophysischen Teil dieses Gebetes von Vertretern des Yoga oder Zen direkt oder indirekt übernommen haben, oder ob diese Technik auf einer allgemeinen religiösen Erfahrung der Menschheit beruht. Vieles spricht für das Erstere, aber ein zwingender historischer Beweis liegt meines Wissens nicht vor.

Eine weitere Frage, die uns in diesem Zusammenhang interessieren könnte, ist, ob das Taborlicht, von dem traditionsgemäß einer der Einsiedler sprach, mit der Erleuchtung von Yoga und Zen zusammenfällt. Es ist wohl anzunehmen, daß weit fortgeschrittene Hesychasten eine der Erleuchtung ähnliche innere Erfahrung haben. Aber damit ist noch nicht alles verwirklicht, was mit dem Taborlicht gemeint ist. Es heißt darüber: »Die Gnade des hl. Geistes ist ein Licht, das den Menschen durchleuchtet. So erscheint denn die Gnade des Allerheiligsten Geistes im unbeschreiblichen Licht allen denen, denen Gott ihr Wirken offenbart«. Mit anderen Worten: Die Gnade des hl. Geistes erhält der Christ in der Taufe. Aber sie ist etwas Geistiges und normalerweise nicht sichtbar. Wenn sie jedoch mehr und mehr wächst und den Menschen ganz durchdringt, dann wirkt sie auch auf den Körper ein und macht ihn schließlich leuchtend. Es ist sozusagen eine Vorwegnahme der Verklärung, wie sie nach christlicher Lehre den Leibern der Gerechten nach der Auferstehung von den Toten zukommt.

Der Durchbruch in Deutschland

1967 wurde ich zu der Tagung der Stuttgarter Gemeinschaft »Arzt und Seelsorger« mit einem Vortrag über die Zen-Praxis eingeladen. Auf dieser Tagung auf Schloß Elmau sprach man davon, in Deutschland eine Zen-Halle zu bauen, falls ich bereit wäre, nicht mehr nach Japan zurückzukehren, sondern für Zen-Exerzitien in Deutschland zu bleiben. Diesem Wunsche konnte ich wegen anderer Verpflichtungen nicht nachkommen. Statt dessen bat man mich dann, 1968 für Zen-Exerzitien nach Deutschland zu kommen. Trotz meiner schwachen Gesundheit zu dieser Zeit gab ich in Deutschland vom 14. August bis 17. Oktober nicht weniger als 12 Zen-Exerzitienkurse. 980 Personen haben an diesen Kursen teilgenommen. Die Benediktiner-Abteien erwiesen sich als besonders geeignet für diesen Zweck. Sie boten die für die Zen-Meditation so wichtige Stille. Man fand dort auch geeignete und genügend große Räume für die gemeinsame Meditation. Ganz besonders wirkte auf die Exerzitanten die schöne Liturgie, da ja in Zen-Exerzitien nichts betrachtet wird, sondern nur die Entleerung des Bewußtseins angestrebt wird. Die Teilnehmer waren nicht nur Katholiken, sondern auch Gläubige anderer Konfessionen und solche, die keiner bestimmten Kirche angehörten. Der Liturgie beizuwohnen stand ganz im Belieben des einzelnen, doch wurde sie von den allermeisten gerne mitvollzogen.

Die Tagesordnung in den Kursen war sehr gestrafft. Manche, die sie im Anfang zu streng fanden, waren am Schluß doch dankbar für die Strenge. Zur Einführung in die Meditation wurden täglich zwei Vorträge von je 40 Minuten gehalten, und in der übrigen Zeit wurde siebenmal je 40 Minuten meditiert mit anschließenden 10 Minuten langsamen Gehens. Weitaus die größte Zahl der Teilnehmer saß am Boden und bemühte sich, so gut es eben ging, die schwierige Zazen-Haltung zu vollziehen.

Ein Teilnehmer schrieb: »Zu Zen-Exerzitien darf jeder kommen, der das Gefühl hat, daß in seinem Leben etwas nicht stimmt. Und das Erstaunliche dabei ist: er bekommt kein Rezept dafür, wie das besser zu machen sei; keine kritische Rede wird gehalten; kein Urteil gefällt über verworrene Zustände; keine Anklage wird erhoben. Nur eine Weisung: zu schweigen. Still zu sein und sich in das eigene Innere zu versenken. Alle Gedanken, Vorstellungen und Gefühle sollen beiseite gelassen werden. Andere Vorschriften lauten: Mit den Augen auf einen Punkt vor sich blicken; den Atem beruhigen und in gleichmäßigem Rhythmus ein- und ausatmen. Die Beine werden gekreuzt im Lotussitz, oder wenn das zu schmerzlich ist, hockt man auf einem Kissen und trachtet die Wirbelsäule aufrecht zu halten.« Wenn man das liest, wird jeder verstehen, daß während des Tages strenges Stillschweigen herrscht. Es wäre auch unvereinbar, wenn z. B. bei Tisch ein frommes Buch vorgelesen würde. Zen-Exerzitien sind in der Tat grundverschieden von dem, was man sich bislang in kirchlichen Kreisen unter Exerzitien vorstellte.

Wenn man einmal auf der Karte nachschaut, in

welchen Städten und Abteien ich in knapp zwei Monaten Zen-Exerzitien gehalten habe, dann war das nicht nur physisch eine große Anstrengung, sondern mehr noch ein Zeichen, daß ein echtes Bedürfnis für solche geistigen Übungen besteht. Dieser Eindruck wird noch stärker, wenn man bedenkt, daß aus Mangel an Zeit Propaganda kaum möglich war und trotzdem alle Kurse überfüllt waren und manche aus Mangel an Platz verzichten mußten. Außerdem konnten die Wünsche, die später noch von andern Orten oder Organisationen angemeldet wurden, dieses Mal nicht berücksichtigt werden. In den nächsten Jahren wurden dann mehrere Kurse in Deutschland gehalten.

Am Schluß eines jeden Kurses fand eine gemeinsame Aussprache statt. Dabei kam vieles zur Diskussion. Besonders wurde immer wieder die Freiheit, die jedem einzelnen belassen wird, anerkannt. Bei vielen Kursen wurde der Wunsch ausgesprochen, daß diese Kurse fortgesetzt werden sollten, da es doch schwierig sei, ohne kompetente Leitung in der Meditation voranzukommen. In einigen Städten haben sich inzwischen Gruppen gebildet, die regelmäßig zusammenkommen zur Meditation und zur Aussprache über die gemachten Erfahrungen.

Wie aus Briefen zu erfahren war, gibt es viele Kursteilnehmer, die privatim durch tägliche Meditation die Zen-Übungen fortsetzen. In der heutigen Zeit, wo man so oft hört, daß gerade in christlichen Ländern der Glaube immer mehr schwindet, ist es doch überraschend, ein solches Verlangen nach Zen-Meditation zu finden.

Wenn jemand die Ansicht vertritt, daß dies alles nur eine nicht ernstzunehmende Schwärmerei für esoterische Dinge ist, so möge er sich einmal die Zeit nehmen, einen Kurs mitzumachen, um zu erfahren, welche Schmerzen und Mühen die

meisten Teilnehmer dabei auf sich nehmen. Dann wird er vielleicht verstehen, daß hier ein viel tieferes, religiöses Bedürfnis am Werk ist. Auf der andern Seite geben wir gerne zu, daß diese Art nicht jedermanns Sache ist. Es aber schlechthin Schwärmerei zu nennen, hieße eine geistige Kraft zu leugnen, deren Existenz seit Jahrhunderten anerkannt ist.

»Der Weg zu Gott über die Geschöpfe schmeckt den Menschen von heute nicht mehr. Sie suchen den Weg zu Gott über das Ich, über die meditierende Versenkung. Damit sind sie Augustinus wieder nahe, der gesagt hat: Gott ist unserem Selbst näher, als wir selbst es sind.«

Wenn man die Briefe der Teilnehmer liest, fragt man sich: Haben die Menschen keinen Glauben mehr, oder ist ein neuer Mensch aus den Trümmern der letzten Jahrzehnte erstanden, den wir noch nicht entdeckt haben?

Bau des christlichen Zen-Zentrums bei Tokyo 1969–1973

Die Vorträge über Zazen, die ich seit einigen Jahren in Deutschland hielt, fanden, wie schon gesagt, große Beachtung. Da das Interesse für diese östliche Meditationsweise ständig zu wachsen scheint, erhalte ich täglich Briefe mit Bitten um weitere Vorträge und Übungen.
Die Vortragsreisen in Deutschland waren aber nur ein Abstecher auf einer Route, die seit langen, langen Jahren unermüdlich einem Ziel zustrebte: eine eigene, christliche Zen-Halle in Japan endgültig zu gründen, nachdem die erste Zen-Halle in der Nähe von Hiroshima von 1960 einem kommunalen Bauwerk weichen mußte. Das Ziel schien 1968 endlich nach manchen theoretischen und praktischen Schwierigkeiten erreicht.
Die Pläne für eine christliche Zen-Halle in Tokyo, Akikawa-Shinmeikutsu (Höhle des göttlichen Dunkels) waren 1968 fertig. Im April 1969 wurde draußen in den Bergen vor Tokyo mit dem Bau der Zen-Halle begonnen. Am 19. Dezember schon konnte durch Erzbischof Shirayanagi der erste Bauabschnitt eingeweiht und in Gebrauch genommen werden. 1972 wurde auch der noch ausstehende Teil fertiggestellt. Abgesehen von einigen Stützmauern und Zuwegverbesserungen war 1972 somit das christliche Zen-Zentrum ganz gebaut.
Etwa 59 Meilen von Tokyo entfernt in einer bewaldeten Gegend, die übrigens zum Naturschutzgebiet gehört, liegt unser Zen-Zentrum an einem Gebirgsfluß, aber doch etwa 20 Meter höher als der Flußlauf, so daß auch im Falle von starkem Regen keine Gefahr besteht, daß das Wasser so hoch steigt, daß das Haus droht abzurutschen.
Dieses Haus wurde von Anfang an nicht als Exerzitienhaus für verschiedenerlei Meditationsweisen gebaut, sondern ganz speziell für die in Japan beheimatete Zen-Meditation. Damit wurde auch der Anweisung des 2. Vatikanums entsprochen, in den Missionsländern die Meditationsweisen anderer, also nicht-christlicher Religionen kennenzulernen und soweit als möglich in das Christentum zu integrieren. (Vgl. das Dekret über die missionarische Tätigkeit der Kirche, Nr. 18).
Zum besseren Verständnis möchte ich noch einmal kurz zusammenfassen, wie ich auf den Gedanken gekommen bin, mich für das Zen zu interessieren. Lange bevor ich nach Japan kam wußte ich, daß das Zen in einer früheren Zeit, wo die westliche Kultur noch nicht soweit vorgedrungen war, einen Einfluß auf das japanische Denken gehabt hat, wovon auch immer noch etwas da ist. So glaubte ich die Japaner besser verstehen zu können, wenn ich das Zen nicht nur theoretisch sondern auch praktisch mir zu eigen machte. Ich habe dann auch bald nach meiner Ankunft in Japan mit Zenklöstern und Zenmeistern Kontakt aufgenommen und auch unter ihrer Leitung praktiziert. Dabei stellte ich fest, daß uns das Zen auch als Christen etwas geben kann. Ich habe dann den Plan gefaßt, eine Zenhalle für Christen zu bauen. Der erste Versuch fand in der Nähe von Hiroshima statt, wo ich damals meinen ständigen Wohnsitz hatte. Das geschah bereits 1960, also 10 Jahre bevor die neue Zen-Halle, von der hier die Rede ist, gebaut wurde. Nach den ersten Versuchen und guten Ergebnissen in den ersten Jahren, schien die Zeit gekommen, in der Nähe von Tokyo eine Zenhalle zu bauen. So also entstand dieses Zentrum.
Um dieselbe Zeit wurden wir gezwungen, unsere Zen-Halle bei Hiroshima aufzugeben,

weil dort in der Nähe ein großes Wasserwerk gebaut werden sollte, wofür das Stück Land, auf dem die Zen-Halle stand, benötigt wurde. Der Plan, an anderer Stelle dort in der Nähe die Zen-Halle wieder aufzubauen, konnte nicht durchgeführt werden. Nur den Namen der ersten Zen-Halle haben wir mit nach Tokyo genommen: »Shinmeikutsu«, in freier Übersetzung, »Höhle des göttlichen Dunkels«. Der Name wurde übrigens von einem mir befreundeten Zenmönch vorgeschlagen (s. dazu das Bild, S. 99). Zum Unterschied von der Zen-Halle bei Hiroshima, haben wir dann den Namen des Gebirgsflusses, von dem schon die Rede war, davorgesetzt. So heißt sie nun »Akikawa-Shinmeikutsu«.

Mein Bemühen, vor allem den Japanern diesen Weg der Zen-Meditation für die christliche Begegnung von Gott und Mensch zugänglich zu machen, fand nicht nur in der katholischen Presse, sondern mehr noch in den großen Tageszeitungen und Wochenzeitschriften ein überraschendes Echo. Trotz der Kälte scheuten die Reporter nicht den weiten Weg zur Zen-Halle, um aus eigener Anschauung über die Ideen dieses »merkwürdigen katholischen Zen-Mönches« zu berichten. Ausführliche Artikel und sehr gute Fotoreportagen machten das neue Werk bald im ganzen Land bekannt.

Diese spontane, unorganisierte Propaganda bewirkte, daß sehr viele Leute um eine Teilnahme an den Übungen ersuchten. Manche Bewerber wünschten gleich einen ganzen Monat dort zu wohnen, um möglichst bald das »satori«, die Erleuchtung, zu erlangen. Fast alle Anfragen kamen von nichtchristlichen jungen Männern, die bisher keine Beziehung zur christlichen Religion hatten, sich aber zum erstenmal auf ihre Weise angesprochen fühlten. Bis zum Zeitpunkt, als nur der erste Bauabschnitt fertig war, konnten die meisten Wünsche nicht erfüllt werden. Die Zimmer reichten nicht aus, und es fehlte noch an Personal und Ausstattung des Gebäudes. Für den Anfang wurden jedoch jeden Sonntag Einführungsmeditationen gegeben. Bald wurden die ersten 7tägigen Zen-Exerzitien gegeben, und das Werk läßt manches Gute hoffen.

Das Motiv der Bewerber ist immer, den Sinn des Lebens zu finden. Sie hoffen, in der Zen-Meditation einen Weg zu finden, den Sinn des Lebens zu erforschen und zu verwirklichen. Wenn dieser Weg zu einer Begegnung mit dem Christentum führen würde, hätte die Mission wohl einen epochalen Schritt nach vorn getan.

Mit Recht könnte man fragen: Warum gehen diese Leute, die doch meistens Buddhisten sind, nicht in die Zen-Klöster, um die Lösung ihrer Probleme zu finden? Gewiß gehen viele dorthin, aber die Frage behält doch ihren Sinn ... Eine Antwort auf diese Frage möchten wir im Sinne des Zazen nicht geben, sondern es unsern Lesern überlassen, selbst eine Antwort zu finden.

Das neue Werk ist innerhalb und außerhalb Japans schnell bekannt geworden und wurde auch bald von Christen und Vertretern anderer Religionen aufgesucht, die in die Zen-Meditation eingeführt zu werden wünschten, oder sich darin unter Leitung vervollkommnen wollten. Seither hat sich die Zahl der Bewerber ständig vermehrt, besonders seit der ganze Plan ausgeführt wurde und bequem mehr Leute untergebracht werden können.

Der Gesamtbau, natürlich nur des Erdgeschoß, ist im japanischen Stil ausgeführt. Alle Zimmer sind durch geschlossene Gänge miteinander verbunden, da man am Eingang des Hauses die Schuhe auszieht und dort zurückläßt.

Die Gesamtzahl der Räume beträgt 35: Kapelle mit Sakristei, die Meditationshalle, ein Zimmer für Einzelaussprache mit dem Zen-Meister, verbunden mit einem Warteraum, Vorlesungssaal, Bücherei mit Lesezimmer, Küche und Teeküche, gemeinsames und einzelnes Bad (japanisch), zwei Sprechzimmer, zwei Zimmer für Zen-Meister und Assistent, zehn Zimmer für je zwei bis drei Personen, sieben Einzelzimmer. Außer diesen Zimmern können auch bei großen Kursen die Meditationshalle und der Vortragssaal als Schlafstätte zur Verfügung gestellt werden. In diesem Falle können 80–100 Personen untergebracht werden. Im Meditationsraum sind 42 Plätze, die aber ohne Schwierigkeit durch Ersatzplätze auf 50 gebracht werden können. Für die mehrtägigen strengen Kurse sind jedoch nicht mehr als 50 Teilnehmer erwünscht, weil sonst die Einzelleitung zu schwierig wird.

Die Tätigkeit in der »Höhle des göttlichen Dunkels« besteht konkret in folgendem: Etwa zehnmal im Jahr 5–7tägige Kurse, bei denen täglich zehnmal 40 Minuten meditiert wird. Außerdem ist am Tage ein Vortrag. Die Liturgiefeier ist früh morgens um 5 Uhr nach der ersten Meditation. Dazu kommen Kurse für geschlossene Gruppen, z. B. von Firmen, Schulen oder Beamten. Zweimal hatten wir eine Gruppe von Fecht- und Judoschülern des Polizeipräsidiums in Tokyo. Das ganze Jahr hindurch sind jeden Sonntag Einführungskurse für Anfänger. Außerdem werden auch Wochenendkurse abgehalten für solche, die schon eingeführt sind und den Wunsch hegen, an Einzelübungen teilzunehmen.

Zugelassen werden grundsätzlich sowohl Männer wie Frauen, Japaner und Ausländer, unabhängig vom religiösen Bekenntnis. Bei den Einführungskursen am Sonntag waren bisher die Nicht-Christen in der Überzahl, während bei den mehrtägigen Kursen das Hauptkontingent von den Christen, meist Katholiken, gestellt wurde. Im übrigen richtet sich die Zahl der Teilnehmer nach der Jahreszeit und danach, ob Ferien sind oder nicht. Im Winter geht die Zahl zurück wegen der Kälte, die in dem 430 m hoch gelegenen Zen-Zentrum bis auf – 10 ° sinkt. Wir konnten eine Heizung einbauen, die natürlich bei einem Holzbau mit vielen Fenstern in den Gängen nicht dasselbe leisten kann wie in einem Mauerbau. Glücklicherweise haben Japaner eine hohe Widerstandsfähigkeit gegen Kälte, abgesehen davon, daß man beim »Zazen« die Kälte wenig oder gar nicht empfindet. In den günstigsten Zeiten haben wir bei den strengen Kursen bis zu 50 Teilnehmer, in ungünstigen Zeiten etwa 20. Bei allen Kursen sind die Japaner bzw. Japanerinnen in der Überzahl. Wir halten auch Kurse in englischer Sprache, die dann zum größten Teil von Ausländern besucht werden. Falls bei den japanischen Kursen Teilnehmer sind, die nicht genügend Japanisch verstehen, wird durch englische oder deutsche Tonbänder nachgeholfen. Die Aussprache mit dem Zen-Meister kann außer in Japanisch auch in Deutsch, Englisch oder Französisch gehalten werden.

Die meisten Teilnehmer kommen aus Tokyo oder aus den Nachbarprovinzen, aber es kommen auch nicht selten Bewerber aus weit entfernten Provinzen, besonders solche, denen es daran liegt, in einer christlichen Zen-Halle zu meditieren. Fast bei allen Kursen sind auch Priester und Ordensleute, zumal Schwestern, vertreten.

Die Finanzierung des Zen-Zentrums und der Kurse bereitet keine besondere Schwierigkeit. Die Kursteilnehmer bezahlen einen kleinen Betrag pro Tag, der selbst im teuren Japan als

sehr billig gilt. Bei diesem Preis kann man natürlich keinen Gewinn erzielen, aber so unglaublich es klingt, die laufenden Ausgaben können zum größten Teil durch diese Gebühren bestritten werden. Das ist nur deshalb möglich, weil die Kost ganz vegetarisch und die Lebensweise äußerst einfach ist. Die Arbeiten im Haus werden fast ausschließlich von den Übenden selber verrichtet. Für einen weiteren Ausbau und außergewöhnliche Auslagen waren wir auf sonstige Beiträge angewiesen.
Für die Frauen besteht insofern eine Einschränkung, als diese nur während der gemeinsamen Kurse im Zentrum schlafen können, nicht aber wenn sie privat üben wollen. Im letzteren Falle wohnen sie in Privathäusern der Umgebung. Es wäre natürlich sehr erwünscht, für diesen Zweck ein eigenes Haus zu errichten, das etwa von einer weiblichen Ordensgesellschaft getragen würde.

Einen Monat in der »Höhle des göttlichen Dunkels«, 1977

Während bisher die größte Zahl der Zenkurse in Shinmeikutsu bei Tokyo von Japanern besucht wurde, waren diesmal die Teilnehmer

ausschließlich Deutsche. Es waren 35 Personen, die eigens zu diesem Zweck nach Japan gekommen waren. Die Gruppe landete am 14. September 1977 im Flughafen von Tokyo und fuhr von dort mit einem Bus zum Exerzitienhaus, das etwa 70 km vom Zentrum Tokyos in den Bergen liegt. Nach ein paar Tagen Ruhe und Eingewöhnung an Klima und Umgebung begann der erste Zenkurs (Sesshin) am 17. September abends. Der Kurs dauerte volle 7 Tage und wurde in der Strenge durchgeführt, wie es in den Zenklöstern üblich ist. Um 4 Uhr morgens wurde geweckt. 20 Minuten später begann die erste Meditation. Im Anschluß daran wurde die Eucharistiefeier gehalten. Nach dem Frühstück war eine halbe Stunde für Haus- und Gartenarbeit festgesetzt. Täglich waren 10 Meditationen von 40 Minuten mit anschließendem Gehen und einer kurzen Pause bis zur nächsten Meditation. Die Kost war nach japanischer Art vegetarisch. Während des Sesshin wurde strenges Stillschweigen gehalten. Einmal täglich hielt der Kursleiter eine Ansprache.

Das Alter der Teilnehmer schwankte zwischen 18 und 73. Bei der Mehrzahl lag es zwischen 40 und 60. Die beruflichen Kreise waren sehr unterschiedlich: Außer einigen Priestern und Ordensleuten gab es Ärzte, Krankenschwestern, Heimleiter, Lehrer, Meditationsleiter, Geschäftsführer, Studenten, Künstler. Auch Journalisten und Schauspieler waren vertreten. Alle hatten schon einige Erfahrung im Zen; die meisten hatten in Deutschland an Sesshins teilgenommen. Trotzdem hatten viele noch erhebliche Schmerzen in den Beinen beim Sitzen, besonders in den letzten 10 Minuten. Dreimal täglich war Gelegenheit zur Aussprache beim Kursleiter (dokusan). Diese Einzelaussprachen waren sehr intensiv und dauerten 4–5 Stunden täglich. Das Gespräch mit dem Zen-Meister ist meistens kurz, aber häufig. Während die anderen weiter meditieren, gehen die einzelnen zur Aussprache und danach gleich wieder in den Meditationsraum, um die Meditation fortzusetzen. Japaner, die von dem Kurs hörten oder zeitweilig mitmachten, waren erstaunt über die Ausdauer der deutschen Zenschüler.
Nach Abschluß des ersten Zenkursus wurde Gelegenheit geboten, Zenklöster in Kyoto, Kamakura oder Tokyo zu besichtigen. Ein großer Teil nahm diese Gelegenheit wahr. Andere zogen es vor, zu Hause zu bleiben und neben der Arbeit in Ruhe zu meditieren. Der zweite Kurs begann am 1. Oktober und schloß am 10. Oktober. Der folgende Tag blieb für die Vorbereitungen der Rückreise frei. Am 12. Oktober morgens verließ die Gruppe das Zentrum und fuhr mit dem Bus wieder direkt zum Flughafen. Es war das erste Mal, daß eine Gruppe von Ausländern einen Monat ausschließlich für Zenübungen in unserem Zen-Exerzitienhaus zubrachte. In diesem Sinne war es ein Versuch. Daß alles so harmonisch verlau-

fen ist – es hätte auch anders sein können – ist in erster Linie der monatelangen, sorgfältigen Vorbereitung von Herrn Dr. Dieter Halcour zu verdanken, der alles in die Hand genommen hatte; dann aber auch der Bereitwilligkeit zu allem von seiten der Teilnehmer, was gewiß nicht immer leicht war. Bei der Durchführung haben besonders P. Willigis Jäger OSB und mein Assistent Herr Some, der jahrelang mit uns hier gearbeitet hat, entscheidend mitgewirkt. Dazu kommen die verborgenen Mitarbeiter in der Küche, die schon immer in den Zenklöstern so hoch gewertet wurden.
Wir sind überzeugt, daß alle Teilnehmer, jeder in seiner Weise, auf ihrem Wege ein gutes Stück vorangekommen sind. Darüber ließe sich im einzelnen von schweren Opfern und beglückenden Stunden berichten. Aber das hieße von Dingen berichten, die das Geheimnis des einzelnen bleiben müssen.

Beim 80. Geburtstag 1978

Meine vielen Freunde aus aller Welt haben mir ein einzigartiges Fest vorbereitet. Der Veranstalter war das »Forschungsinstitut für östliche Religionen« unserer Universität in Tokyo.

QUOD FELIX FAUSTUMQUE SIT ATQUE FORTUNATUM
QUOD REI PUBLICÆ LITTERARIÆ PRÆSERTIM ALMÆ UNIVERSITATI
GUTENBERGIANÆ MOGUNTINÆ SALUTARE ESSE IUBEAT

DEUS TER OPTIMUS MAXIMUS

RECTORE MAGNIFICO

PETRO SCHNEIDER

IURIS UTRIUSQUE DOCTORE
IURIS PUBLICI PROFESSORE PUBLICO ORDINARIO

EGO PROMOTOR LEGITIME CONSTITUTUS

THEODORUS SCHNEIDER

SACRAE THEOLOGIAE DOCTOR
THEOLOGIAE DOGMATICAE PROFESSOR PUBLICUS ORDINARIUS
ORDINIS THEOLOGORUM P. T. DECANUS

IN REVERENDUM DOMINUM

HUGONEM LASSALLE

SOCIETATIS IESU SACERDOTEM

QUI QUINTO IAM DECENNIO IN IAPONIA
FIDEI CHRISTIANAE ANNUNTIANDAE MUNERI INCUMBIT
ATQUE ETIAM IN GRAVIBUS TEMPESTATIBUS HIROSHIMAE
SOCIETATIS SUAE SUPERIOR ET VICARIUS GENERALIS FUIT
IBIQUE HONORIS CAUSA CIVITATE DONATUS EST
UT IN VIRUM DOCTRINA SCIENTIAQUE INSIGNEM
MAGISTRUM PERITISSIMUM ET ERUDITISSIMUM
QUI CHRISTIANORUM THEOLOGORUM PRIMUS
AD MEDITATIONIS PERORIENTALIS MODUM
ZEN NUNCUPATUM SE CONTULIT
ET IN EADEM MEDITATIONE PENITUS SE EXERCUIT
ILLAMQUE CONTIONIBUS EXERCITATIONIBUS LIBRIS CREBRIS
IN EUROPA DIVULGAVIT
SEPTUAGESIMO QUINTO AETATIS EIUS ANNO
SUMMOS DOCTORIS IN THEOLOGIA HONORES OMNESQUE IMMUNITATIS
PRÆROGATIVAS OMNIAQUE IURA AC PRIVILEGIA IISDEM ADNEXA
HONORIS CAUSA
EX UNANIMO ORDINIS CONSENSU AC DECRETO CONTULI
COLLATAQUE ESSE HOC DIPLOMATE CONFIRMO
IN HUIUS REI TESTIMONIUM SOLEMNES HAS LITTERAS EXARAVIMUS
SIGILLUM UNIVERSITATIS ADIECIMUS
NOMINA IPSI RECTOR MAGNIFICUS ET ORDINIS THEOLOGORUM
DECANUS SPECTABILIS SUBSCRIPSIMUS

DEDIMUS MOGUNTIÆ A. D. III. IDUS APRILES ANNI MCMLXXIII

Essen und Trinken war nicht die Hauptsache der Feier. Man hat dem Gefeierten ein Buch überreicht, das in Mainz, wo ich 1973 Doktorat h. c. bekommen habe, gedruckt wurde und den Titel trägt »Munen muso – Nichtgegenständliche Meditation«. Das Buch besteht aus 35 Artikeln, die von 35 meiner Freunde geschrieben wurden. Die Autoren sind hauptsächlich Japaner und Deutsche. Die Feier hat am 11. November stattgefunden. Es kamen etwa 90 Gäste, für mehr ist der Raum nicht groß genug. Die Feier dauerte etwa 3 Stunden, und zehn meiner Freunde haben gesprochen, nicht über Pater Lassalle, sondern über fernöstliche Religionen. Diesem Interessengebiet entsprechend waren auch die Gäste eingeladen. Der Höhepunkt der Feier war die Übergabe der Festschrift. Diese Schrift meiner Freunde legt dar, worum es mir seit Jahrzehnten geht: »Ungegenständliche Meditation«. Das gibt die Sache vielleicht besser und weniger mißverständlich wieder als der verbreitete Ausdruck Zen-Meditation. Diese Art der Meditation hat in den christlichen Kirchen des Westens unübersehbar und unbeirrbar Fuß gefaßt. Was einmal Mode war, hat inzwischen eine Tiefe bekommen. Die Zahl jener, die ernsthaft und eifrig diesen Weg der Betrachtung üben, ist nicht gering, vor allem in Klöstern und unter den Laien. Nach der Eröffnung der repräsentativen, nach japanischen Vorbildern aufgebauten Zen-Halle im Jahre 1978 im Franziskanerkloster in Dietfurt/Altmühltal, wo ich seitdem die meisten Zen-Kurse in Europa leite, verbreitet sich die Zen-Meditation als selbstverständliche Möglichkeit der Erneuerung christlicher Spiritualität im Westen und gehört zum anerkannten Bestandteil der spirituellen Landschaft in Europa.

◁ *Ehrendoktorurkunde, Mainz 3. April 1973*

VI
Zur Zen-Seelsorge

Ein Beispiel: Große Erleuchtung in letzter Stunde

Am 5. November 1971 wurde in Hiroshima ein Verbrecher, der während seiner langen Haft getauft war, hingerichtet. Sein Name war Paul Minoru Yoneda. Vor mehr als 10 Jahren hatte ihn ein »Freund«, der ihm 5000 Yen (etwa 50 DM) schuldig war und nicht bezahlen konnte oder wollte, zu einem Hause einer kleinen Stadt in den Bergen nordwestlich von Hiroshima eingeladen, wo sie das Geld »finden« wollten. Sie brachen dort ein, töteten zwei oder drei Personen und nahmen, was sie finden konnten. Nur die Großmutter hatten sie verschont. Unser Yoneda war damals wohl etwas über 20 Jahre alt.
Es scheint nicht lange gedauert zu haben, bis beide verhaftet wurden. Es war von vornherein klar, daß sie zusammen den Mord begangen hatten. Wer von beiden unmittelbar getötet hatte, konnte durch Zeugen nicht ermittelt werden, da die einzige Zeugin, die Großmutter, inzwischen gestorben war. Der Mittäter behauptete, er sei nur mitgegangen, während Yoneda den Mord begangen hätte. Schließlich wurden jedoch beide zum Tode verurteilt. Dann erfolgten Appelationen, bis alle nach dem Gesetz offenstehenden Möglichkeiten erschöpft waren.
Noch bevor es soweit war, zeigte Yoneda Interesse für die christliche Religion und bat den französischen Jesuitenpater de Changy, der sich in Hiroshima besonders der Gefangenen annahm, um Unterricht. Da dieser um jene Zeit nach Europa reisen mußte, übernahm ich als Vertreter die Betreuung des Gefängnisses und lernte so auch Yoneda kennen, den ich dann auch weiter unterrichtete, nachdem Pater de Changy zurückgekehrt war. Es hat mehrere Jahre gedauert, bis sich Yoneda zum Empfang der Taufe entschloß, die dann aber schließlich am 29. Juni 1963 gespendet wurde. Er erhielt den Namen Paul.
Auch danach habe ich ihn oft besucht und stand nach meiner Versetzung nach Tokyo mit ihm im Briefverkehr, besuchte ihn auch oft, wenn ich zu den Vorlesungen an der Musikhochschule nach Hiroshima kam. Zu dieser Zeit erklärte der Mittäter unerwartet, er selbst habe den Mord begangen und Yoneda sei nur mitgegangen. Eine neue Appelation war aber zu diesem Zeitpunkt gesetzlich nicht mehr möglich. Stattdessen interessierte sich die Vereinigung der Rechtsanwälte in Tokyo für den Fall und bemühte sich um eine befriedigende Lösung. Auch wir, besonders Professor Kanasawa von der Rechtsfakultät an der Hiroshima-Universität, der seiner Zeit Yonedas Taufpate gewesen war, bemühten uns um eine Lösung. Wieder ein Jahr später starb der Mittäter im Gefängnis ... Das hätte sich unter Umständen für den überlebenden Yoneda günstig auswirken können, aber dieser zeigte wenig Interesse, sondern gestand alles, dessen er angeklagt war, obwohl er Beweise hätte verlangen können.
Im Herbst 1970 wurden es 10 Jahre, seitdem Paul Yoneda in Haft war, und es wurde ihm gesagt, daß er nun mit einer baldigen Hinrichtung rechnen müßte. Nach japanischer Gewohnheit findet die Hinrichtung oft erst zwei oder drei Jahre nach dem endgültigen Urteilsspruch statt. Der Termin wird vom Innenministerium bestimmt und den Behörden des Lokalgefängnisses erst kurz vorher mitgeteilt. Der Verurteilte selbst erfährt es erst einige Stunden vorher. In unserem Fall geschah es am Tage vorher.
Paul war nun noch weniger an einer Änderung

des Urteils interessiert, beschäftigte sich aber um so intensiver mit dem Gedanken an den Tod. Doch ließ die Nachricht noch auf sich warten. Im Juni 1971 schrieb er mir einen Brief, in dem er sich entschuldigte, daß er so wenig mit unseren Bemühungen kooperierte. Trotzdem fühlte man bei den Besuchen, daß er beständig mit dem Problem des Todes rang.
Um ihm den inneren Kampf zu erleichtern, sprach ich mit ihm gelegentlich von der Zenmeditation. Nun aber begann er darüber nachzudenken, was eigentlich die Erleuchtung sei. Da besuchte ihn eines Tages P. Llompart S. J., Rechtsprofessor an der Sophia Universität in Tokyo, der einige Gefängnisse in Japan besuchte, um die Verhältnisse dort kennenzulernen. Im Gespräch fragte Paul ihn, was eigentlich die Erleuchtung sei. Der Pater, der sich sonst nicht speziell mit Zen beschäftigte, antwortete prompt: »Der Tod«. Paul sagte mir später, das habe ihn etwas beruhigt.
Als ich ihn das letzte Mal vor meiner Abreise im Sommer 1971 besuchte, sprachen wir wieder über den Tod. Yoneda war – begreiflicherweise – immer noch nicht ganz zur Ruhe gekommen. Wie ich ihn mit einigen Worten auf die Hoffnung des Christen im Tode hinwies, sagte er: »Das verstehe ich« – er kannte seinen Katechismus sehr gut – »aber für unsereins liegt die Sache doch anders.« Ich erklärte ihm nun ganz klar, daß die Vergangenheit ein für alle Mal erledigt ist, wenn Gott verziehen hat. Mögen auch die Menschen anders urteilen und das Gesetz in seiner Strenge walten. »Zwischen dir und Gott steht nichts mehr im Wege.«
Ich muß gestehen, daß ich einige Wochen später sehr ungern nach Europa abgereist bin, da ich nun damit rechnen mußte, ihm in letzter Stunde nicht beistehen zu können. Aber ich hatte noch immer die Hoffnung, rechtzeitig zurückzukehren. Es sollte nicht sein. Anfang November kam ein Brief vom P. de Changy, datiert vom 5. November 1971, den ich hier im Auszug wiedergebe zum Zeugnis Yonedas Erleuchtung in der Todesstunde:
»Heute am ersten Freitag des Monats hat der Herr in seiner liebevollen Vorsehung Yoneda zu sich gerufen. Heute Morgen um 10 Uhr fand die Hinrichtung statt in Gegenwart von P. Nakayama (Pfarrer), der ihm die hl. Ölung und die Wegzehrung gegeben hatte. Bis zum Schluß hat Yoneda, wie Sie ihn kennen, die Polizeibeamten in Staunen versetzt durch seine Ruhe und Selbstbeherrschung.
Gerade im Augenblick, als man ihn in den Raum führte, wo die Hinrichtung selbst stattfindet, und ihm das Gesicht schon verhüllt hatte, so daß er nichts mehr sehen konnte, drehte er sich noch einmal zu uns dreien (Prof. Kanezawa war auch zugegen), um uns nochmals feierlich zu grüßen, wie es nur die Japaner können. Eine Minute später war alles beendet, während wir das Ave Maria von Lourdes sangen. Die Beamten weinten vor Ergriffenheit, aber sie waren nicht die einzigen.
Ich muß Ihnen noch erzählen, daß wir gestern morgen zum Gouverneur gerufen wurden, der Yoneda die Nachricht seiner Hinrichtung geben und den Ritus der ›Abschiedsfeier‹ halten wollte. P. Nakayama feierte die Messe von Christkönig in Gegenwart der höchsten Beamten. Zu Beginn des sich anschließenden Abschiedsmahls, das uns alle vereinte, herrschte zunächst eine peinliche Zurückhaltung, und es war wieder Yoneda selbst, der das Eis brach durch seine Einfachheit und sein Lächeln. Ihr Name und Ihre Briefe von Deutschland haben ihm viel geholfen. Morgen werde ich die hl. Messe natürlich in seiner Intention lesen, aber ich bin überzeugt, daß die Todesangst, die

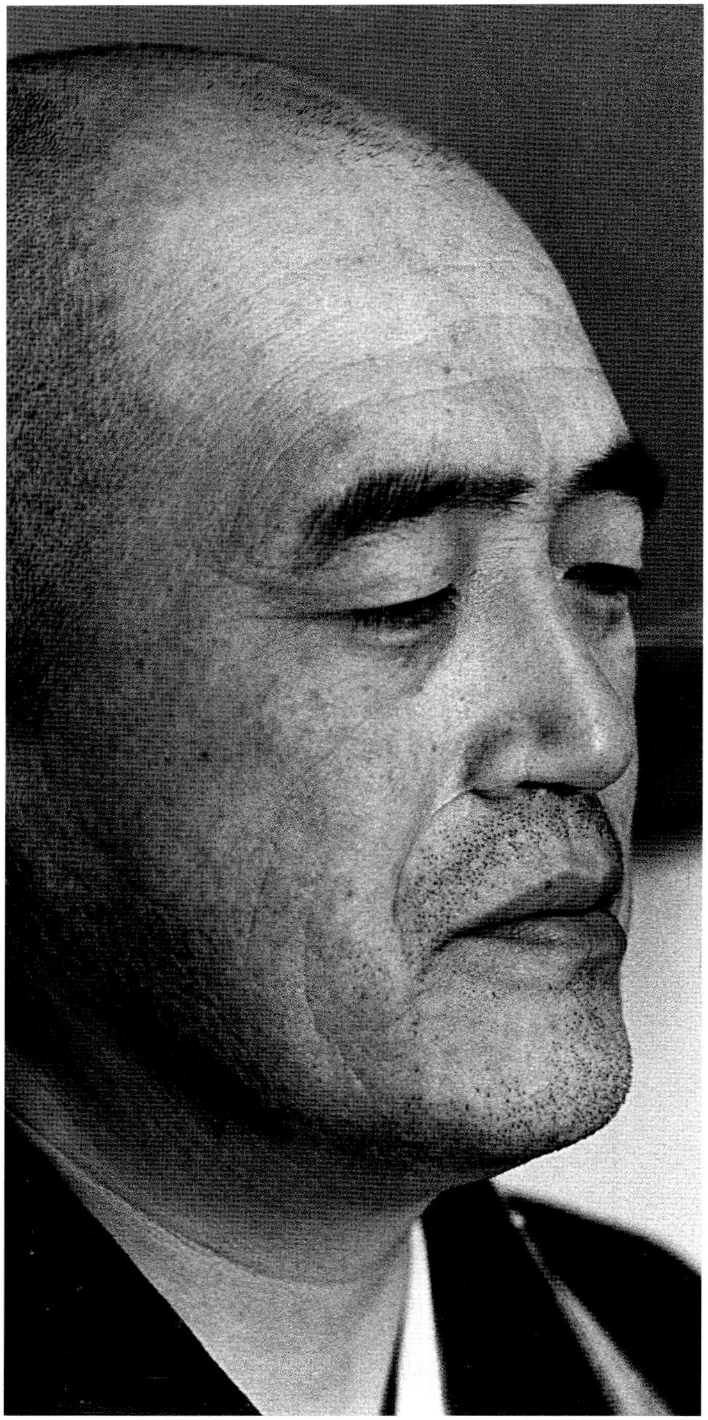

er in den langen Jahren der Haft durchgehalten hat, ihm als Fegfeuer angerechnet wird und er uns eine wertvolle Hilfe für das Apostolat in Hiroshima sein wird. In der Überzeugung, daß Sie derselben Meinung sind, beeile ich mich, Ihnen diese Nachricht zu geben.«

A. J. Nagai S. J. (jap. Name des P. de Changy)

Kurz danach kam ein Brief mit fester Hand geschrieben – von Paulo Yoneda selbst, den ich ebenfalls hier wiedergebe:

Ave Maria
Ehre sei Gott in der Höhe und Friede den Menschen auf Erden, die guten Willens sind. (Alle seine Briefe begannen mit diesen Worten.)
Herr Pater. Vielen Dank für Ihren Brief. Ich freue mich sehr, daß es Ihnen so gut geht. Herr Pater, der Befehl ist gekommen. Ich danke Ihnen für alle Hilfe, die Sie mir während so langer Zeit gewährt haben. Ich kann meine Gefühle schriftlich nicht genügend zum Ausdruck bringen; es tut mir wirklich leid, daß ich meinen Dank nicht genug aussprechen kann; verzeihen Sie meine Unhöflichkeit.
Heute kamen P. Nakayama, P. Nagai und Professor Kanasawa zum Gefängnis und haben die hl. Messe gefeiert. Ich habe mit Prof. Kanasawa von Ihnen, Herr Pater, und anderen Dingen gesprochen und Abschied genommen. Prof. Kanasawa wird Ihnen gewiß alles im einzelnen erzählen, da für mich das Ende gekommen ist. Bitte sorgen Sie für Ihre Gesundheit und lassen es sich weiterhin gut gehen. Arbeiten Sie noch viele Jahre weiter mit voller Kraft. Ich bete für Ihre Gesundheit und Ihr Glück. Möge Ihnen die Gnade des Herrn in Fülle zuteil werden.
Leben Sie wohl. Sayonara.
Im Himmel werde ich Sie wiedersehen.

Paul Yoneda. 4. November 1971.

◁ *Ein Erleuchteter: Zenmeister Prof. Takashi Hirata, Kyoto*

Zen-Exerzitien in Vietnam

Ende November 1974, noch vor dem Zusammenbruch Süd-Vietnams, verbrachte ich 10 Tage in Vietnam, um in der Zisterzienserabtei »Unsere Liebe Frau von Phuoc-Son«, etwa 16 km von Saigon und in Saigon selbst Vorträge über Zen, mit einer ersten Einführung in diese Art der Meditation zu halten. Für die meisten Teilnehmer war das die erste persönliche Bekanntschaft mit dem Zen. Als Ergebnis dieser Veranstaltung wurde von vielen der Wunsch ausgesprochen, einen »strengen Zenkursus« mitzumachen. Schon bald bot sich die Gelegenheit dazu. Im Februar 1975 folgte ich einer Einladung nach Manila zu einer Zen-Einführung. Ich flog also, nachdem der Auftrag dort erfüllt war, von den Philippinen gleich weiter nach Saigon. Am Flugplatz erwartete mich der Abt der Abtei. Nachdem ich die erste Nacht in Saigon bei meinen Mitbrüdern verbracht hatte, fuhren wir am folgenden Morgen zur Zisterzienserabtei und, nach einer Mittagspause in der Abtei, weiter zu einem erst kürzlich von den Zisterziensern gegründeten Meditationszentrum. Dieses Zentrum liegt etwa 150 km von Saigon entfernt. Der Abt erklärte mir, daß diese Stätte für den Zenkursus der Abtei vorgezogen worden sei, weil es dort ruhiger und »sicherer« sei. Ich muß gestehen, daß ich bei diesem »sicherer« eine gewisse Unsicherheit verspürte.

Unterwegs machten wir eine kurze Rast auf dem Landgut des Klosters. Der Abt zeigte auf die nur 3 km von der großen Straße entfernten bewaldeten Hügel und sagte, daß dort die kommunistischen Soldaten seien, die nicht erlaubten, die Bäume zu fällen, weil diese ihnen zur Wohnung dienen. Er war sich wohl bewußt, daß mit einem plötzlichen Angriff zu rechnen sei, hatten die Regierungstruppen doch erst vor einem Jahr zwei Provinzen aufgeben müssen. Eine Stunde später kamen wir im Meditationszentrum an. Es liegt unmittelbar am Meer. Nur eine Straße und einige Häuser sind dazwischen. Da das Haus am Berghang liegt, ist die Aussicht auf das Meer besonders schön. Das Zentrum hat vier kleinere Gebäude, die wegen des ansteigenden Geländes in verschiedenen Höhen voneinander getrennt liegen. Hoch oben auf dem Berge steht eine Herz-Jesu-Statue und auf halber Höhe der hl. Benedikt als Patron des christlichen Mönchtums. Gleich neben dem Grundstück der Zisterzienser befindet sich ein christlicher Wallfahrtsort. Direkt am Meer steht, dem Meer zugewandt, als Schutzpatronin der Seefahrer eine riesige Statue der von den Buddhisten viel verehrten Kannon. Im Deutschen wird sie oft als die Göttin der Barmherzigkeit bezeichnet. Beständig liegen Schiffe in der nahen Meeresbucht, oder sie fahren majestätisch daran vorbei.

Mehrere Mönche waren uns vorausgefahren, um die notwendigen Vorbereitungen für den Kursus zu treffen. Es war der erste Exerzitienkursus im neuen Meditationszentrum. Die Zisterzienser waren der Kern der ganzen Gruppe. Sie hatten diesen Kursus ausgeschrieben. Unter den Teilnehmern befand sich auch eine Gruppe von Benediktinerinnen. Andere Ordensangehörige und einige Laien waren auch zugelassen. Insgesamt bestand der Kursus aus 36 Personen. Einigen Leuten mußte abgeschrieben werden, damit die Gruppe nicht zu groß und die Intensität des Kursus bewahrt bleibt.

Es war gewiß das erste Mal, daß von christlicher Seite ein Zenkursus in Vietnam gehalten wurde. Aber es wäre ein großer Irrtum, daraus zu schließen, daß in Vietnam das Zen etwas Neues sei. Im Gegenteil, es ist dort nicht nur bekannt, sondern es wurde wenigstens 500 Jahre früher eingeführt als in Japan. Aber es hat dort keinen so großen und dauernden Einfluß ausgeübt wie im Lande der aufgehenden Sonne. Vietnam hat 1000 Jahre unter chinesischer Herrschaft gestanden, und daher wurde es auch kulturell sehr stark von China beeinflußt. China ist ja bekanntlich die eigentliche Heimat des Zen. In Vietnam wurde das Zen zur Zeit des vierten Patriarchen, Dao Tien, eingeführt. Er ist der dritte Nachfolger von Bodhidharma, der um das Jahr 520 von Indien nach China kam und als Gründer des Zen gilt.

Unser Zenkursus dauerte 6 Tage. Das strenge Stillschweigen wurde nur durch die liturgischen Feiern, die Eucharistie und einen Teil des Chorgebetes, unterbrochen. Die im Zen übliche Einzelaussprache mit dem Zenmeister war sehr intensiv, obwohl sie teilweise durch Dolmetscher über das Französische durchgeführt werden mußte. Auf wiederholtes Drängen der Teilnehmer wurde vor Beginn des Kurses ein Warnungsstab hergestellt, um den die Teilnehmer während der Zen-Übung immer wieder baten. Einige beklagten sich sogar in der Einzelaussprache, daß sie nicht fest genug damit geschlagen würden. Trotz anfänglicher Schwierigkeiten, körperlicher und theoretischer Art, – die meisten waren ja »blutige« Anfänger – wurden diese Hindernisse bald überwunden und manche tiefchristliche Erfahrungen gemacht. Die innere Verwandtschaft mit der christlichen Mystik, mit der die kontemplativen Ordensleute engstens verbunden sind einerseits, und der Beziehung zwischen Zen und asiatischer Spiritualität andererseits, trat klar zutage.

In der sehr offenen gemeinsamen Aussprache nach Beendigung des Kurses wurde von vielen Teilnehmern der große Wert des strengen Schweigens hervorgehoben und der Wunsch ausgesprochen, auch im alltäglichen Klosterleben das Stillschweigen wieder strenger durchzuführen. Nur nebenbei bemerkt, in dieser Abtei wird das nächtliche Chorgebet ab 2.00 Uhr morgens regelmäßig durchgeführt. Die Art der Rezitation spricht musikalisch sehr an. Es liegt etwas Liebliches im Ton. Einen ganz ähnlichen Eindruck hatte ich übrigens von der Art, wie die Buddhisten ihre Sutras rezitieren. Sie ist sehr verschieden von der härteren Art, wie man sie von japanischen Zenklöstern her gewohnt ist. Andere allgemeine Eindrücke, die ich in diesen Tagen in der Berührung mit dem vietnamesischen Volk hatte, waren ebenfalls sehr positiv. Die Vietnamesen sind Träger einer alten Kultur und dazu ein äußerst sympatischer Menschenschlag. Es fällt noch die Hochachtung vor dem Christentum und besonders vor dem katholischen Priester auf. Schon die Haltung der Polizei auf der Straße gegenüber den priesterlichen Autofahrern fällt auf. Ein höflicher Gruß und ein freundliches Lächeln begleiten ihn. Trotz der äußerst gespannten politischen Lage fährt man weiter, als wenn alles im tiefsten Frieden wäre und es keinerlei Sorgen gäbe.

Auf der Rückfahrt zur Abtei nach Beendigung des Kurses besuchten wir ein in der Nähe liegendes Zenkloster. Hier konnten wir ein längeres Gespräch mit dem Zenmeister führen. Der sehr aufgeschlossene Zisterzienserabt bemüht sich ständig um Kontakte mit den Vertretern der anderen Religionen des Landes. Er sagte mir, die Religion in Vietnam sei eine Mischung aus Buddhismus, Konfuzianismus und Christentum. Es sei daher notwendig, daß auch die Vertreter des Christentums, besonders die Priester und Ordensleute, die anderen Partner nicht nur oberflächlich kennen, sondern in ihrem Wesen verständen. In unserem Gespräch mit dem Zenmeister kamen wir natürlich auch

auf das Zen in Vietnam zu sprechen. Der Zenmeister sagte uns u. a., daß das Zen in Vietnam nur wenige echte Meister habe, d. h. Meister, deren Erleuchtung in einer ununterbrochenen Reihe auf den Gründer des Zen, Bodhidharma, zurückgeht, wie es ursprünglich für die Qualifikation eines Meisters vorgeschrieben war. Er fügte hinzu, daß die echten Meister sich verborgen hielten und es sehr schwer sei, einen echten Meister zu finden. Viel leichter sei es, mit dem sogenannten esoterischen Zen in Berührung zu kommen, das es in Vietnam auch gibt. Bei dem esoterischen Zen werden wunderähnliche Dinge angestrebt, z. B. die Fähigkeit, aus dem eigenen Körper hinauszugehen und sich an andere Orte zu begeben und nach Belieben wieder in den Körper zurückzukehren und ähnliches mehr. In Japan findet man diese Art des Zen heute kaum noch. Auch der Meister, der uns davon erzählte, schätzte diese Art des Zen nicht.
Vom japanischen Zen sagte er uns, daß es literarisch reicher sei als das Zen in Vietnam. Das Wichtigste aber sei die Erleuchtung und nicht die Literatur über das Zen. Durch die vielen Kriege ist die Zenliteratur in Vietnam fast ganz vernichtet worden. Er selbst bemüht sich, die Zenliteratur aus dem Chinesischen von neuem in die Landessprache zu übersetzen. Er hat schon eine ganze Reihe von Büchern veröffentlicht, die im Kloster sehr billig zu erwerben sind.
Beim Abschied von der Zisterziensergemeinschaft wurde der Wunsch ausgesprochen, auch in Zukunft gelegentlich wieder für einen Zenkursus nach Vietnam zu kommen. Wie jedermann weiß, hat sich inzwischen die Lage sehr zu Ungunsten des südlichen Teils verändert. Zum Zeitpunkt des Sesshins war Saigon schon umzingelt und niemand wußte, ob es mit dem bevorstehenden Ende des Krieges noch ein freies

Vietnam geben wird. Es kamen auch schon Briefe, in denen um das Gebet gebeten wurde. Ich selbst bin dankbar, dieses Volk in jener intimen Weise kennengelernt zu haben, wie es kaum besser als in einem strengen Zenkursus möglich ist. Ein unvergeßliches Erlebnis!

Ein großer Bedarf im Westen

Es ist nicht lange her, seitdem das Zen auch in Europa und USA bekannt und populär zu werden anfing. Diese Welle wurde stärker und stärker. Es kamen auch Zenmeister von Japan. Der inzwischen über 90jährige Prof. Nagaya, der sich selbst niemals als Meister bezeichnete, war der erste und ist wohl als Mensch immer noch der geschätzteste. Dank sei ihm dafür. Ich begegnete ihm zum ersten Mal im »Haus der Stille« in Roseburg bei Hamburg, wo ich damals

zum ersten Mal einen Zenkurs hielt. Er kam dorthin ganz bescheiden als Teilnehmer. Erst nach dem Kurs stellte er sich vor. Er hat mir manche guten Ratschläge gegeben und auch Suchende zu mir geschickt.
Seitdem also wurde das Bedürfnis nach Zen immer größer. Auch Europäer, die in Japan unter Zenmeistern geübt hatten, oder auch ohne vorhergehenden Aufenthalt in Japan das Zen kennengelernt hatten, begannen Zenkurse zu halten. Natürlich wuchs auch die Zahl derer, die unter der Leitung von Experten üben wollten. Andere Menschen, die mit Mißtrauen und Besorgnis diese Dinge beobachteten, trösteten sich mit der Hoffnung, daß auch diese »Mode« wie vieles andere, bald wieder abflauen würde. Aber bis heute ist die Nachfrage nicht geringer geworden, sondern noch im Zunehmen begriffen. Ich könnte allein über 4000 Menschen namhaft machen, die bei mir an eigentlichen Zenkursen d. h. an Sesshins mit Stillschweigen und vielen Meditationen über den ganzen Tag, teilgenommen haben und dabei auch zur Einzelaussprache kamen, wie das im Zen üblich ist. Dabei sind die Orte oft schwer erreichbar und die damit verbundenen Fahrtkosten entsprechend hoch. Solche, die dann nach einmaligem Versuch das Zazen ganz aufgegeben haben, sind, soweit ich das übersehen kann, selten. Die Wartelisten bei den angekündigten Kursen werden hingegen immer länger.
Man kann wohl sagen, daß das Zen nicht nur für die Teilnehmer, sondern auch für viele andere Menschen inzwischen zu einem Begriff geworden ist, wie man sagt. Darunter gibt es nicht wenige, die diese Tatsache mit Besorgnis erfüllt, auch solche, die ihre Bedenken schriftlich d. h., in Zeitschriften und Zeitungen und anderswo zum Ausdruck bringen. Sie sind besorgt, daß das Zen hier in Europa für das

Christentum eine Gefahr werden könnte. Sie machen geltend, daß das Zen aus einer anderen Kultur und Religion stammt und deswegen auch für unsere vom Christentum geprägte Kultur nicht passend sein kann, wenn sich da auch gegenwärtig vieles geändert hat. Andererseits beruhen viele und vielleicht die meisten Bedenken auf Mangel an Kenntnis über das Zen. Man hört und liest vieles, was man nicht völlig versteht. Allein die Tatsache, daß das Zen nicht bei uns in Europa sondern in Ostasien, der Reihenfolge nach in Indien, China und Japan gewachsen ist, erschwert das Verständnis für den westlichen Menschen nicht wenig. Anders ist es mit Yoga, das auch aus dem Osten kam, solange es in dem Bereich bleibt, den man mit ›Hatha-Yoga‹ bezeichnet, in dem man sich vorwiegend mit dem Körper beschäftigt, obwohl es im Letzten auf ein geistiges Ziel ausgerichtet ist.

Moralische soziale und charakterliche Anforderungen

Es wird bisweilen behauptet, im Zen spreche man kaum von Moral oder Liebe im Sinne von sozialer Tätigkeit für Arme und Kranke und andere leidende Menschen, während das doch im Christentum für sehr wichtig gehalten wird. Zum letzteren möchte ich Meister Yamada Mumon erwähnen, der jetzt alt und gebrechlich ist und zurückgezogen lebt. Er ist oder war einer der bedeutendsten Meister der Gegenwart in Japan. Als er noch rüstig war, ging er jährlich im Herbst nach Neu Guinea und blieb dort einige Wochen, um die Bevölkerung, die unter der japanischen Besatzung während des Krieges schwer gelitten hat, mit Japan zu versöhnen. Das ist nur ein Beispiel. Daß Zenmeister kein Verständnis für soziale Probleme hätten, ist nicht richtig.

Nun zu dem Vorwurf, daß im Zen nicht oder kaum von Moral gesprochen wird. Tatsache ist – und das weiß jeder Zenmeister – daß ein Mensch, der sich nicht bemüht, ein sittenreines Leben zu führen, sich umsonst um die Erleuchtung bemüht. Solchen Leuten kommt es überhaupt nicht in den Sinn, zu einem strengen Zenkurs zu gehen. Das ist ihnen viel zu lästig mit all den Strapazen, die man da mit auf sich nimmt. Außer den Zenmönchen selbst sind die Teilnehmer ausgenommen die Jugendlichen, die noch studieren, meistens Menschen, die einen weltlichen Beruf haben, wie Ärzte, Erzieher, Künstler, Beamte u. a. Sie machen immer die Erfahrung, daß ihnen diese Art der Meditation für ihre Berufstätigkeit von Nutzen ist, zusätzlich zu vielen anderen guten Wirkungen. So tragen die Zenmeister indirekt auch bei zu der Lösung der vielen Probleme, die in der Welt heute anstehen. Das Zen ist auch nicht asozial, weil während der Kurse beständig Stillschweigen vorgeschrieben ist. Das kommt beim Abschluß eines Zenkursus spontan zum Ausdruck durch die ungezwungene Fröhlichkeit der Teilnehmer. Darum wird auch immer wieder der Wunsch ausgesprochen, an längeren Kursen teilnehmen zu können.

Zu unserer Zenhalle bei Tokyo kommen nicht nur Christen, sondern auch solche, die nicht christlich sind, seien es gläubige Buddhisten oder solche, die bewußt gar keinen religiösen Glauben haben oder sich dessen wenigstens nicht bewußt sind. Wir versuchen, niemanden dahingehend zu beeinflussen, daß er Christ wird und natürlich auch nicht, daß er Buddhist wird, sondern versuchen, jedem auf seinem Wege weiter zu helfen. Oder wie es Graf Dürckheim ausgedrückt hat: jedem zu helfen, daß er

den nächsten Schritt richtig macht.
Es dürfte aus dem Gesagten einleuchten, daß Zen einem Christen helfen kann, zu einem tieferen christlichen Gebet zu kommen. Es ist eine Tatsache, daß heute auch bei Christen, die es sein wollen und auch sind, die gegenständliche Meditation nicht mehr ankommt. Das ist typisch für unsere Zeit, wo das rationale oder begriffliche Denken im Bereich des Religiösen nicht mehr die Bedeutung hat, wie es am Anfang dieses Jahrhunderts bei gläubigen Christen noch der Fall war, und wie ich es selbst noch erfahren habe. Das gilt wenigstens für den westlichen Menschen. Was den östlichen Menschen betrifft, so wie ich ihn in vielen Jahren in Japan und auch in etwa in Korea kennengelernt habe, ist diese Art der gegenständlichen Meditation, wie wir sie zugleich mit dem Christentum vermittelt haben, niemals recht angekommen, wenn man Meditation als Gebet versteht, wohl aber im Sinne von besserem Verständnis des christlichen Evangeliums. Als typisches Beispiel möge das Folgende dienen. Ich hatte vor etlichen Jahren Gelegenheit in einem Noviziat von koreanischen Schwestern mit 45 Novizinnen einen Tag in der Weise des Zen zu meditieren. In der Aussprache danach sah die Reaktion so aus: Bisher haben wir in der täglichen Meditation einen Schrifttext vorgelegt bekommen, um damit zu meditieren. Dieses Mal hatten wir zum ersten Mal das Gefühl, daß wir während der Meditation beteten.
Auch auf den Philippinen, die Jahrhunderte hindurch unter westlichem Einfluß gestanden haben, nicht nur politisch, sondern auch religiös wie auch in den Meditationsweisen, scheinen die einheimischen Christen ihre Identität im Religiösen wiedergefunden zu haben. Es ist ganz erstaunlich, wie viele von ihnen bei richtiger Führung in der Zen-Meditation die Erleuchtung erfahren.
Es ist wahr, daß das Wort Zen vielen Menschen auch in Europa bekannt ist und auch von außen her in etwa verstanden wird, wozu auch die Sendungen im Fernsehen beitragen, in denen verhältnismäßig oft zen-buddhistische Mönche zeigen, wie sie still in der Meditation sitzen. Aber dadurch allein kann man diese Dinge nicht von innen verstehen. In unseren Zenkursen in Shinmeikutsu geben wir immer wieder von neuem die obigen Erklärungen und stellen fest, daß die Meditierenden sie besser verstehen, und so oft sie dieselben hören, besser verstehen sie auszuführen. Es sind eben Dinge, die man tun muß, um sie zu verstehen.
Und: wenn man wissen will was Zen ist, muß man es praktizieren.

◁ *Im koreanischen Gewand während der Zen-Exerzitien in Korea, 1970*

Erleuchtung ist nur der Anfang

Im Zen wird Satori geprüft, es müssen ganz bestimmte Fragen beantwortet werden. Allein der Eindruck, daß einer die Erleuchtung hat, genügt nicht. Damit jemand Zen-Meister wird, müssen noch etwa 400 bis 500 Kōan gelöst werden, einer nach dem andern, damit die Erleuchtung wirklich integriert wird. Das ist eine notwendige Voraussetzung. Doch es geht auch anders.
Theoretisch kann jeder Mensch zur Erleuchtung kommen, aber das setzt natürlich Verschiedenes voraus. Erleuchtung kann auch ganz plötzlich kommen, ohne daß man etwas von Zen weiß, bei irgendeiner Gelegenheit und unabhängig vom Alter, und die Leute wissen in so einem Fall nicht, was es ist und wie sie damit umgehen sollen, aber sie möchten es gerne wiederhaben. Wenn sie dann zum Zen kommen und von Erleuchtung hören, fragen sie nach der Erleuchtung und sagen, so etwas habe ich schon einmal erfahren.
Sie erzählen, wie das gewesen ist, und diese Erleuchtung wird nun konkret geprüft: Man gibt ein ganz bestimmtes Kōan, d. h. eine paradoxe, rätselhafte Begebenheit aus dem Leben der früheren Zen-Meister und -Schüler, ein besonders schwieriges, meist das Koan »Mu«. Damit üben die Betreffenden dann einige Zeit lang, indem sie beständig das Wort »Mu« wiederholen und versuchen, überhaupt nichts zu denken, nicht zu überlegen, was das ist, sondern nur mit dem »Mu« eins zu werden. Das heißt also: keine Erwartung haben, nicht an Erleuchtung denken. Man empfiehlt den Leuten auch, das zu Hause zu üben und sich bei jeder Arbeit so auf die Tätigkeit zu konzentrieren, daß sie mit ihr eins werden – das bedeutet, ohne Egoismus dabei zu sein.
Das berüchtigte Ego, das sogenannte kleine Ich, steht den meisten im Weg, wirklich eins zu werden. Damit wird die Arbeit nicht schlechter, sondern besser. Bei manchen Tätigkeiten kann man auch das »Mu« einsetzen. Es kann dann vier oder fünf Jahre dauern, auch mehr, bis es zur Erleuchtung kommt. Jetzt muß der Mensch die damit verbundene Erfahrung integrieren, und das heißt: Er muß ein anderer Mensch werden, ein vollkommener, aufrichtiger Mensch im besten Sinne des Wortes. Das heißt nicht, diese oder jene Religion zu haben, sondern daß er ehrlich ist und sich selbstlos für die Menschen einsetzt. Im letzten Stadium, wenn er ganz umgewandelt ist, vergißt er die Erleuchtung und arbeitet selbstlos für die Menschen.
Erleuchtung ist ein Innewerden von der Wirk-

Kōan Mu, eine Kaligraphie von Yamada Kōun Rōshi, Kamakura ▷

lichkeit, dem Absoluten, und das verliert der Mensch auch nicht – aber die Umwandlung geschieht nicht allein durch die Erleuchtung, dazu braucht man das ganze Leben. Die Erleuchtung ist nur der Anfang! Wichtig ist, daß der Betreffende an sich arbeitet. Zuerst muß er sehen, was sein Hauptfehler, sein Haupthindernis ist, und dagegen muß er am meisten angehen. Bevor man an die Erleuchtung denkt, muß man sich bemühen, ein richtiger, guter Mensch zu werden, ehrlich, aufrichtig, mitleidig, selbstlos und treu – dann kann man die Erleuchtung anstreben.
Ein Mensch kann das Bewußtsein haben, daß er das Letzte erfahren hat, und das bleibt. Es wieder zu erfahren ist nicht so leicht, und das ist auch nicht die Hauptsache. Die erste Erfahrung zu vertiefen und zu integrieren ist wichtiger. Universalgültig ist die Selbstlosigkeit. Jedes kleine Ich, das rumtanzt und alles bestimmt, muß weg. Selbstlosigkeit hat es immer gegeben, in allen Religionen, aber diese zu leben, ist das Schwerste. Die Berührung mit dem Absoluten weckt sie, und dann muß man an sich arbeiten, sich auf den so markierten Weg begeben.

Eucharistie während der Zen-Kurse

Es gibt Leute, die mit Hilfe der Eucharistiefeier während des Zen-Sesshins den Weg zur Eucharistie wiederfinden, für andere ist es umgekehrt, so daß die Eucharistiefeier im Zusammenhang mit dem Zen verblaßt. Aus dieser ganz persönlichen Sache kann man nicht im voraus hier irgendwelche Theorien aufbauen. Es gibt sowohl Zen-Meister als auch -Schüler, die lieber beides getrennt haben möchten. Nicht, daß sie die Eucharistie ablehnen, sondern sie meinen, daß es getrennt besser zu verarbeiten wäre. Das sagen nicht nur manche Schüler anderer christlicher Zen-Meister, sondern sogar einige Teilnehmer meiner Kurse haben dieses Problem formuliert. Deswegen bestehe ich niemals darauf, daß alle Kursteilnehmer an der Eucharistie teilnehmen, sondern betone immer, daß das ein freiwilliges Angebot ist, und wer nicht teilnehmen will, sollte zur gleichen Zeit in der Zen-Halle seine Zen-Meditation fortsetzen. Auffallend ist, daß trotz dieser ausdrücklichen Freistellung der Teilnahme an der Eucharistiefeier nur wenige Teilnehmer von der Eucharistie fernbleiben. Vielleicht ist dies damit zu erklären, daß ich verschiedene Arten der Teilnahme an der Eucharistie nicht nur berücksichtige, sondern auch ausdrücklich vor den Teilnehmern differenziere. Man kann z. B., ohne sich während der Eucharistie aktiv zu betätigen, diese auf sich wirken lassen; ein getaufter Mensch hat von vornherein das »Anrecht«, an die Eucharistie auch während der Eucharistie hingeführt zu werden, ein Nichtgetaufter kann hier ein Zeugnis bekommen, worauf es im christlichen Glauben tatsächlich ankommt. Wie könnten wir sonst in Japan, wo keine rein christlichen Gruppen möglich sind, sondern immer gemischt, überhaupt missionieren? Es gibt selbstverständlich die übliche aktive Teilnahme eines Christen an der Eucharistie, die überall in der katholischen Kirche praktiziert wird. Und es gibt eine intensive, nennen wir sie »mystische« Teilnahme an der Eucharistie, die in der christlichen Mystik unglaublich viele Vorgänger von den Kirchenvätern bis heute hat, die darin besteht, daß man von der mystischen, gegenstandslosen Meditation her die eucharistische Danksagung im eigentlichen Sinne dieses Wortes versteht.
Es sind mir viele Fälle bekannt, daß Leute nach

einem langen Fernbleiben von der Eucharistie gerade während der Zen-Kurse wieder dahin finden, ohne daß sie es erwartet haben und ohne daß sie dafür einen logischen Grund finden. Ich werbe nie für die Eucharistie, wenn ich als Meister für die Zen-Meditation zur Verfügung stehe. Wir sind hier eindeutig und klar im reinen Zen und wir befinden uns nicht in der Kirche, wo selbstverständlich für das Christentum und für die Eucharistie Propaganda gemacht wird und Leute geradezu eingeladen werden, an der Verkündigung und an der Feier der Kirche teilzunehmen: Das ist die Propaganda des Glaubens, das ist die Missionierung, die ich selbstverständlich von Anfang an gemacht habe und auch nach wie vor in anderen Kontexten immer noch ausübe. Aber zu denken gibt es schon, daß – ohne daß ich jemals ein Wort dazu sage – Leute zu mir kommen, die an Zen-Sesshins teilgenommen haben und den Wunsch äußern, sich durch mich taufen zu lassen. Selbstverständlich sind dies sehr seltene Fälle, aber es gibt sie. Andererseits treffe ich auch Leute, die zwar getauft sind, aber vom christlichen Leben längst distanziert sind; es gibt auch ungetaufte Teilnehmer meiner Kurse. Und manche von ihnen finden vielleicht zum ersten Mal zu einem persönlichen Glauben. Die häufigsten Fälle, die ich beobachte, sind Leute, die nach jahrelanger Absenz von der Eucharistie, hier gern an der Eucharistie teilnehmen und später diese neue Eucharistieerfahrung in ihren Pfarreien fortsetzen. Es kommt bei diesem neuen eucharistischen Engagement auf die Art an, wie wir hier die Eucharistie feiern: (1) In der gleichen Sitzposition, wie wir sie bei der Zen-Meditation pflegen und (2) in der äußersten Schlichtheit des Ausdrucks. Ich möchte selbstverständlich die übliche Form der Eucharistiefeier hier nicht kritisieren, man muß aber bedenken, daß alle Teilnehmer der Eucharistiefeier in den Ortsgemeinden immer einen großen formalen Rahmen hinnehmen müssen, sich oft durch sehr äußere Elemente gestört fühlen. Selbstverständlich kann man da nicht viel ändern, weil der Feiertag einer Gemeinde auch diese formale, organisatorische Seite hat, und vieles davon nur auf diesem Wege im Umkreis der Eucharistie angekündigt werden kann. Merkwürdigerweise muß man aber feststellen, daß die Leute immer gerne nach den schlichten Meßfeiern suchen. Man hatte früher z. B. in großen Städten immer eine Frühmesse, sagen wir um 5 Uhr, für die Bergwanderer und Touristen angeboten. Es hat sich herausgestellt, daß manche, die überhaupt nichts in diesem Bereich unternehmen wollten, doch diese Messen mit großem Opfer des Frühaufstehens besuchten, um diesem Rahmen der üblichen Sonntagsmessen zu entgehen.

Andersherum, wenn man die Liturgie der Ostkirche ansieht, wo die Leute drei bis fünf Stunden engagiert teilnehmen und inbrünstig mitsingen, so daß die Zeit unbemerkt vergeht, da kommt man zu dem Verdacht, daß wir westliche Menschen durch unsere rationale und formal-organisatorische Denkart diese ganze Eucharistiefeier eigentlich verdorben haben.
Ich habe in Indien an einem Kongreß teilgenommen, wo auch die heilige Messe im indischen Stil gefeiert wurde. Alle westlichen Teilnehmer waren sehr beeindruckt von dieser ungewöhnlichen Kraft der Musikinstrumente und der ganzen Atmosphäre der offensichtlichen Innerlichkeit des östlichen Menschen.
Die Japaner stehen leider nach wie vor unter dem gewaltigen Einfluß des Westens. So wie die moderne Industrie ist auch die Liturgie ganz westlich. Das einzige, was die Eucharistiefeier in Japan von unserer unterscheidet, ist die unterschiedliche Körperhaltung: Statt Kniebeugen gibt es die japanische Art der Verbeugung. Die Japaner haben fast nichts von ihrer überreichen Kultur in die Eucharistiefeier eingebracht. Der Grund dafür ist wahrscheinlich diese Tatsache, daß die Christen in Japan eine äußerst kleine Minderheit sind, während in Indien Millionen von Christen in größeren Gruppierungen leben und das Christentum praktizieren. Wenn man alles zusammenzählt, gibt es in Japan insgesamt von allen christlichen Konfessionen weniger als 1 Prozent Christen. Hier fehlen also die Köpfe, die das machen könnten und der Hintergrund, zwei Elemente, die erst in einer sich stärker etablierenden Kirche sich finden lassen. In unserem Zen-Zentrum bei Tokyo feiern wir selbstverständlich die Eucharistie genauso wie bei europäischen Zen-Sesshins in der Sitzposition und in einer, dem Zen-Zentrum entsprechenden Gestaltung der Kapelle mit dem großen Stein als Altar und in japanischer Sprache.

Schluß: Plädoyer für neue Zen-Zentren

Um das neue Bewußtsein zu integrieren, bedarf es verschiedener Meditationsstätten an verschiedenen Orten. Und man braucht selbstverständlich viel mehr Zen-Zentren und vor allem Zen-Meister, die allein kompetent zum Zen hinzuführen vermögen, als wir sie heute in Deutschland haben. Wenn sich in Japan ein Zen-Meister finden würde, wie Yamada Kōun, kann man hoffen, daß die Zahl der Meister für Europa auch in der Zukunft größer sein kann als heute. In Deutschland ist die Situation für diese Entwicklung sehr günstig, während es z. B. in Frankreich wenige Leute gibt, die wirklich ganz und voll Zen-Meister und zugleich Christen sind. Der einzige, den ich kenne, ist Jacques

Zen-Meditation im japanischen Fernsehen mit Vertretern des Buddhismus: Die Brücke zwischen Ost und West funktioniert in beiden Richtungen

Brétand, ein Priester, der sehr gut im Zen arbeitet. In Deutschland freue ich mich über das Entstehen eines jeden neuen Zen-Zentrums. Die Wartezeiten, an einem meiner Kurse teilzunehmen, ziehen sich auf mehrere Monate hin. Das Bedürfnis nach der kompetenten Möglichkeit, Zen zu lernen und zu praktizieren, ist erstaunlich groß.
Zunächst gab es Schwierigkeiten, schon rein finanzieller Natur; man glaubte, daß es schwierig sein wird, fünfzehn Teilnehmer zusammenzubringen. Zur Überraschung der Skeptiker melden sich ununterbrochen hunderte Kursanwärter, die immer wegen des Platzmangels abgewiesen werden müssen. Viele meinen, es handle sich um eine vorübergehende Welle. Das ist aber keine Mode, sondern eine echte Not, ein echtes Bedürfnis. Dazu braucht man viele anerkannte Zen-Meister und leicht zugängliche Zen-Zentren. Damit jeder, der dieses Bedürfnis verspürt, seinen Weg zum Zen findet, wie ich einmal in mehreren Stationen meines Lebens diesen Weg zum Zen als Christ gefunden habe. Mein Dank dafür gilt meinen Zen-Meistern und allen, die mich auf diesem Weg begleitet haben.

Anhang
Zeugnisse der Weggefährten

YAMADA KŌUN, RŌSHI, ZEN-MEISTER, KAMAKURA, JAPAN

Der Meister im Leben

Pater Enomiya-Lassalle kam zu mir als Zen-Schüler, einige Jahre nachdem sein ehemaliger Lehrer, Harada Sogaku Rōshi, gestorben war. Harada Rōshi hatte sich als seinen Dharma-Nachfolger Yasutani Hakuun Rōshi erwählt, von dem wiederum ich die Dharma-Nachfolge im Zen geerbt habe. So gehöre ich also der Schule von Harada Rōshi an, mit dessen Zen-Lehre Pater Lassalle bereits vertraut war.
Wenngleich Pater Lassalle mein Schüler im Zen ist, kann ich aus der Tiefe meines Herzens sagen, daß er für mich der Meister im Leben ist. Pater Lassalle ist neun Jahre älter als ich. Immer wenn ich ihm begegnet bin, war ich unaufhörlich von seiner tiefen Demut und seinem Großmut in seinem Menschsein beeindruckt, Eigenschaften, die ich zutiefst bewundere und schätze.
Wie ich weiß, verbringt Pater Lassalle einen Großteil seiner Zeit in Europa, wo er Zen-Meditationskurse hält und Menschen spirituell führt und begleitet. Und nach Japan kommt er nur noch einige wenige Male im Jahr. Trotz seines dichtgedrängten Terminplans ruft er mich jedesmal an, wenn er von Europa zurück ist, übermittelt mir seine Grüße und bittet mich um eine Gelegenheit zum Dokusan. So bin ich außerordentlich beeindruckt von seinem unermüdlichen Geist und seiner Haltung, unaufhörlich auf der Suche nach dem WEG zu sein.
Ich möchte hinzufügen, daß ich von Pater Lassalle sehr viel über das Christentum gelernt habe. Obgleich ich schon vorher Kontakt mit dem Christentum hatte, insbesondere seit meiner Jugendzeit mit dem Katholizismus durch eine geliebte Tante von mir und durch einen französischen Missionar, der mich als jungen Mann unterrichtete, habe ich erst durch die Begegnung mit Pater Lassalle als meinem Zen-Schüler viele Dinge über die Bibel der Christen, über die christliche Unterweisung und auch über bedeutende christliche Persönlichkeiten erfahren, die ich als erleuchtete Menschen betrachte.

YAMADA KŌUN, RŌSHI, geb. 1907, Leiter und Zen-Meister der buddhistischen Vereinigung »Sambo Kyōdan«, Leitung der San-Un-Zenhalle in Kamakura, Zen-Meister (Rōshi) von Pater Enomiya-Lassalle.

KARLFRIED GRAF DÜRCKHEIM,
TODTMOOS-RÜTTE

Er lebt das, was er verkündet

Ich halte Pater Enomiya-Lassalle für eine der wichtigsten Geistesgestalten unserer Zeit. Weil er das lebt, was er verkündet, ist seine Anwesenheit in dieser Welt von besonderer Bedeutung.
Pater Lassalle war zu unserer Freude schon wiederholt kürzere oder längere Zeit Gast in unserem Zentrum in Todtmoos-Rütte. Einfach seine Weise, da zu sein, nicht weniger als der Ausdruck seiner Persönlichkeit im Wort, ist für jeden, der es erlebt hat, von bleibender Bedeutung.
Bei seinem letzten Hiersein nutzte er das letzte Zusammensein im großen Kreis zu einer besonders eindrucksvollen Dokumentation seines Wesens. Er setzte sich in einem Abstand von etwa zehn Metern von den anderen in den Raum und hielt dort etwa zehn Minuten vollständige Stille. Das war und wirkte stärker, als ein langer Vortrag es getan hätte.
Pater Lassalle ist ein lebendiger Zeuge dessen, was er lehrt und verkündet. Ich schätze mich glücklich, ihn als alten Freund bezeichnen zu dürfen. Und jedesmal ist eine wenn auch nur kurze Anwesenheit von ihm ein fruchtbares Geschenk für alle, die ihn erleben dürfen.

KARLFRIED GRAF DÜRCKHEIM, geb. 1896, Dr. phil., em. Professor der Psychologie und Philosophie (ehemals Pädagogische Akademie und Universität Kiel), Psychotherapeut; Aufbau und Leitung der Existential-psychologischen Bildungs- und Begegnungsstätte, Schule für initiatische Therapie, Todtmoos-Rütte zusammen mit Dr. Maria Hippus-Gräfin Dürckheim. Zahlreiche Veröffentlichungen, u. a. »Hara – die Erdmitte des Menschen«.

PHILIP KAPLEAU, ROCHESTER / NEW YORK

Lebendiges Beispiel

Ich bin Pater Enomiya-Lassalle, diesem ungewöhnlichen Menschen, zum ersten Mal im Jahre 1954 während eines Zen-Sesshins unter Leitung von Harada Rôshi im Kloster Hosshinji begegnet. Pater Lassalle ist indirekt dafür verantwortlich, daß ich während der Meditationen im Kloster meinen Sitz auf dem Stuhl aufgegeben und mit der Lotus-Haltung vertauscht hatte. In dem überzeugten Gefühl, daß ein westlicher Mensch keine Hoffnung haben könne, den Lotussitz auszuüben, den ich als sehr schmerzhaft empfand, bestand ich auf dem Gebrauch eines Stuhles.

Dann kam zu einem der Zen-Sesshins in Hosshinji Enomiya-Lassalle, und ich beobachtete, wie er während der Meditation im halben Lotussitz saß. Er war das lebendige Beispiel dafür, daß ein westlicher Mensch in dieser Haltung sitzen konnte. Und so sagte ich zu mir: »Selbst wenn es mich umbringt, werde ich so zu sitzen lernen wie Pater Enomiya-Lassalle.« Schließlich war ich in der Lage, nicht nur im Halb-Lotus sondern auch im vollen Lotus zu sitzen. Ich bin Enomiya-Lassalle wahrhaftig verpflichtet, daß er mir Vorbild und Modell gewesen ist in einer schwierigen Zeit meiner Zen-Übungen.

Ich habe Pater Enomiya-Lassalle auch aus anderen Gründen bewundert. Meines Wissens ist er einer der wenigen Christen, der das Zen dem Christentum angepaßt hat, ohne es aus seiner ursprünglichen Form zu lösen; und er hat beständig die tugendhaften Werte der Zen-Unterweisung und der Zen-Übung bewahrt. Indem er noch im fortgeschrittenen Alter von 90 Jahren Zen-Sesshins leitet, personifiziert er die besten Qualitäten eines Zen-Meisters.

PHILIP KAPLEAU RÔSHI wurde am 20. 8. 1912 in New Haven, Conn./USA geboren. Jura-Studium, Gerichtsreporter bei den Nürnberger Prozessen und jap. Prozessen in Tokio, erfolgreicher Geschäftsmann. Im Alter von 41 Jahren zum ersten Male Zen geübt unter Harada Rôshi. Mit 49 Jahren Weihe zum buddhistischen Priester. Heute: Leiter von »The Zen Center«, Rochester/New York. Herausgeber des meistverkauften Zen-Buches »Die drei Pfeiler des Zen« (mehr als 200 000 verkaufte Exemplare in engl. Sprache und übersetzt in viele Sprachen).

HANS WALDENFELS SJ, DÜSSELDORF

Das Reden aus dem Schweigen

Unter Enomija-Lassalle durfte ich in seiner Halle, aber auch in kurzen dreitägigen Übungen im Jesuitennoviziat von Natgatsuka bei Hiroshima Zazen üben. Zweierlei ist mir aus jener Zeit in Erinnerung: Einmal beschränkte sich Lassalle selbst auf ein Minimum an Erklärungen zur Schweigeübung des Zen; das korrekte Sitzen und Atmen standen deutlich im Mittelpunkt. Sodann aber vollzogen wir die Übungen als Christen. Die Eucharistiefeier war selbstverständlich, doch wurde in ihr die Schweigeübung nicht gleichsam durch eine eigene worthafte Verkündigung durchkreuzt. In gewissem Sinne entsprach das, was geschah, den Anweisungen des Exerzitienbuches des hl. Ignatius, wo es in der Nr. 15 heißt, daß der Meister, »mehr wie eine Waage in der Mitte stehend, unmittelbar den Schöpfer mit seinem Geschöpf und das Geschöpf mit seinem Schöpfer und Herrn wirken lassen« solle.

Das, was ich in den Übungen in Hiroshima erfahren durfte, erfuhr eine starke Vertiefung, als P. Lassalle mich zu einem Sesshin im Hosshinji in Obama unter Leitung seines eigenen langjährigen Meisters Harada Rōshi mitnahm. Was ich bei Lassalle selbst erlebt hatte, war auch dort der Fall. Wir nahmen an allen Übungen vom frühen Morgen bis spät in die Nacht teil – mit einem kleinen, aber wesentlichen Unterschied. P. Lassalle feierte – mit Wissen und Billigung des Meisters – nach dem ersten Zazen in seinem Zimmer die Eucharistie.

Ich selbst verdanke P. Lassalle, der – was ich nicht verschweigen möchte – bei meiner Primizmesse in Tokyo als »Presbyter assistens« an meiner Seite stand, die Einsicht, daß Reden aus dem Schweigen wächst und auch die theologische Rede von Gott nur ein Gestammel bleibt gegenüber dem schweigenden Umgang mit Gott, aber auch, daß es Brücken des Schweigens gibt zwischen den Menschen verschiedener Völker und Religionen, die im verstehenden Blick genauso sichtbar werden wie in Worten, die begreift, wer Ohren hat zu hören. Manches Wort kann fehlgehen. Viele Worte sind auch überflüssig. Die Wahrheit will getan werden: in der Zuwendung zu den Armen, in der Stiftung des Friedens, im Licht des erleuchtenden Geistes, der weht, wo ER will.

Hans Waldenfels SJ, geb. 1931, Lic. phil., Dr. theol. habil., o. Professor für Fundamentaltheologie, Theologie der nicht-christlichen Religionen und Religionsphilosophie an der Universität Bonn; fast 10-jähriger Aufenthalt in Japan; intensive Beschäftigung mit japanischer Religionsphilosophie in Kyoto; dazu Veröffentlichungen.

CYRILL VON KORVIN KRASINSKI OSB,
MARIA LAACH

Den Atem des Zen-Meisters spüren

Als Pater Enomija-Lassalle in den sechziger Jahren von Japan nach Rom reiste, um von dem damaligen Generaloberen der Jesuiten, Pater J. B. Janssens, die Erlaubnis zu erbeten, japanische Novizen seines Ordens nicht sitzend oder kniend, sondern auf den Fersen hockend meditieren zu lassen, wurde er nachdrücklichst von dem Generaloberen gewarnt, und es wurde ihm ein ähnliches Schicksal wie Pater Teilhard de Chardin S.J. und Pater Karl Rahner S.J. zuteil. Der kluge und großzügige Jesuitengeneral Pedro Arrupe kam erst einige Jahre später und hat dann die Arbeit von Enomiya-Lassalle weitestgehend unterstützt.

Pater Lassalle hat nichtdestoweniger schwere Zeiten durchstehen müssen, ist mit seinen Büchern jedoch von Papst Paul VI. sehr verständnisvoll in Audienz empfangen worden. Sein Charakter und seine Haltung waren in jeder Lebenssituation vorbildlich.
Enomiya-Lassalle hat mir gegenüber von der geistlichen Bedeutung der vielen japanischen »Zen-Wege« gesprochen. Die europäischen Zen-Bewunderer betrachten diese Künste als etwas Nebensächliches, etwas rein Ästhetisches. Sie vergessen, daß Zazen mit körperlicher Haltung und pneumapsychosomatischem, gelassenem Tun verbunden sein muß und daß von den Meistern diese körperliche wie seelische Haltung sehr ernst genommen wird. Die Zen-Künste sind nun einmal keine Äußerlichkeit. Ein geübter Zen-Mönch ist immer »in Form«, stets beim beherrschten ATEM, so wie es Karlfried Graf Dürckheim in seinem Buch »Hara. Die Erdmitte des Menschen« schildert. Und dies sieht man bei Pater Lassalle: Er *ist* Meister den ganzen Tag, wie er geht und zuhört und jeden individuell und wohlwollend anspricht.
Wenn man neben ihm sitzt, spürt man den Atem eines Zen-Meisters.

CYRILL J. VON KORVIN-KRASINSKI O.S.B., geb. 1905, Mag. phil., Dr. phil., gehört seit 1938 der Benediktiner-Ordensgemeinschaft der Abtei Maria Laach an und war dort langjähriger Dozent an der Ordenshochschule. Veröffentlichungen u. a. »Tibetische Medizinphilosophie. Der Mensch als Mikrokosmos«, 2. Aufl. Zürich 1964; »Die geistige Erde«, Zürich 1960; »Mikrokosmos und Makrokosmos in religionsgeschichtlicher Sicht«, Düsseldorf 1960; »Trina Mundi Machina«, Mainz 1986.
Diverse persönliche Begegnungen mit dem Dalai Lama und buddhistischen Mönchen in Maria Laach selbst und an anderen Orten; langjährige Freundschaft mit Pater Enomiya-Lassalle, wiederholte Forschungsreisen in Asien, Afrika und Alt-Europa.

RAIMUNDO PANIKKAR, TAVERTET/SPANIEN

Begegnung in der Tiefe

In den sechziger Jahren fuhr ich nach Hiroshima und besuchte Pater Enomiya-Lassalle. Vieles habe ich vergessen. Eines aber blieb und bleibt fest in meinem Gedächtnis: die Tiefe dieser ersten Begegnung und die konkrete Situation, in der er sich damals befand. Er war in Verdacht geraten; er hatte das Vertrauen mancher seiner eigenen Ordensleute verloren, und Mißtrauen der Kirche hatte ihn in seiner Tätigkeit beeinträchtigt. Ich konnte diese Situation, vielleicht aus meiner eigenen Erfahrung heraus, sehr gut verstehen. Ich erlebte einen großen Menschen in einem heiklen und schmerzlichen Zustand. Er war mir gegenüber aufrichtig und offen. Wir wußten uns als Mitbrüder im gemeinsamen Ideal; Mitleidende in gemeinsamer Berufung; verantwortlich für eine, nur dem Anschein nach doppelte, Treue: zur eigenen Religion und zu einer zweiten Tradition. Die Begegnung der Kulturen und Religionen ist keine Spielerei. Er war erst 65 Jahre alt, sein Weg aber schien völlig versperrt: ohne Anhänger, ohne Nachfolger, ohne Aussicht auf Verständnis weder von seinem Orden noch von Rom. Wem sollte er folgen, seinem Gewissen oder seinen Oberen? Gab es einen mittleren Weg?

Pater Enomiya war fast zwanzig Jahre älter als ich. Er hätte also mir behilflich und höflich sein, seine Krise aber für sich behalten können, um sein »Image« zu wahren. Das tat er aber nicht, und so kam eine Begegnung in der Tiefe zustande, ein wahres Treffen, ein Ausschütten unserer Herzen. Mit anderen sprachen wir über theoretische Sachverhalte. Unsere Gespräche miteinander gingen tief ins Existenzielle. Wir wußten, daß der Inkarnationsversuch in einer anderen Spiritualität nicht nur schwer, sondern auch lebensgefährlich sein kann. Es handelt sich dabei um keinen Eklektizismus. Die Prüfung, die bestanden werden muß, ist eine doppelte: die theoretische der richtig verstandenen Orthodoxie, und die persönliche der echten Orthopraxis. Er hat beide Feuerproben überstanden. Die Reinigung hat er schon hinter sich. Er ist längst über dies hinaus. Ich wollte aber hier von seinem inneren Kampf, von seiner Treue Zeugnis ablegen und meine Dankbarkeit für sein Leben aussprechen.

RAIMUNDO PANIKKAR, geb. 1918, langjähriger Professor der University of California, Santa Barbara (Department of Religious Studies). Veröffentlichungen u. a. »Der unbekannte Christus im Hinduismus«.

BEDE GRIFFITHS, SHANTIVANAM ASHRAM, TANNIRPALLI, TAMIL NADU / INDIEN

Er hielt das Mißtrauen durch

Als ich vor vielen Jahren Tokyo besuchte, bin ich Pater Lassalle zum ersten Mal begegnet. Damals begann er gerade mit seiner Arbeit, die Methoden der Zen-Meditation zu unterrichten. In der katholischen Kirche war er hierin ein Pionier, und er stieß anfangs auf sehr viel Mißtrauen. Zu jener Zeit war der Gebrauch von östlichen Meditationsmethoden von der Kirche generell nicht akzeptiert, und diejenigen, die sie einzuführen versuchten, stießen auf heftigen Widerstand. Aber Pater Lassalle hielt durch und allmählich, insbesondere nach dem II. Vatikanischen Konzil, begann man, die Werte der östlichen Spiritualität zu schätzen. Seit jener Zeit wird die Zen-Meditation zusammen mit anderen buddhistischen Methoden des Vipassana überall akzeptiert. Wahrscheinlich wird Zen wegen seiner psychologischen Methode am meisten geschätzt.

Viele Katholiken waren in der diskursiven Meditation festgefahren, und die Idee des Nichtdenkens, des Leermachens des Geistes, wurde als gefährlich angesehen.

Aber die Notwendigkeit, über die Aktivität des Geistes hinauszugehen und das tiefere Zentrum des »Herzens« im Schweigen und in der Stille zu entdecken, eröffnete eine neue Dimension für die Gebetspraxis.

Neben dem psychologischen Wert des Zen gab es auch die Entdeckung einer spirituellen Tiefe im Gebet. Die Tradition der Kirche hatte die Notwendigkeit für klare Vorstellungen bei der Betrachtung des Glaubensgeheimnisses betont, aber das Bekanntwerden mit Zen half den Menschen zu erfahren, daß das göttliche Geheimnis sowohl Wort und Gedanken transzendiert, und so führte die Praxis der Zen-Meditation zur Wiederentdeckung der kontemplativen Tradition der Kirche. Die Leere der buddhistischen Tradition fand man in der »Wolke des Nichtwissens« der katholischen Tradition wieder, und so konnte mit den Buddhisten ein Zusammentreffen stattfinden auf diesem tiefen Grunde menschlicher Erfahrung. Es ist die herausragende Leistung von Pater Lassalle, einen Weg zu zeigen, wie Buddhisten und Christen einander begegnen können, ohne die Grundlagen ihrer Religion aufzugeben.

BEDE GRIFFITHS, englischer Benediktinermönch, geb. 1906, lebt seit 1955 in Indien. Beteiligt an der Gründung des Kurisumala Ashrams in Kerala (1958) und seit 1968 Leiter des Ashrams »Shantivanam« (Wald des Friedens) in Tannirpalli/Tamil Nadu/Süd Indien. Veröffentlichungen u. a. »Hochzeit zwischen Ost und West«, »Rückkehr zur Mitte«, »The Cosmic Revelation«.

ZEN-LEHRERIN ELAINE MacINNES O.L.M., MANILA, PHILIPPINEN

Danke guter, alter Freund!

Vor 25 Jahren bin ich diesem großartigen Mann zum ersten Male begegnet, und seitdem ist Pater Enomiya-Lassalle einer der wichtigsten Seelenführer meines Lebens.
»Sie sind hier in Japan und sprechen die Sprache. Sie müssen zu einem Tempel gehen und aus erster Hand lernen.« Und in wenigen Tagen besorgte er für mich eine Empfehlung für den buddhistischen Nonnen-Tempel Enkoji im nördlichen Kyoto. Dieser Tempel war meine Zen-Heimat für die folgenden 8 Jahre.
Eine weitere starke Erinnerung war das Eröffnungs-Sesshin von Pater Lassalles Zendo »Shinmeikutsu«, westlich von Tokyo. Während der ganzen Woche nahm Pater Lassalle mich täglich ins Dokusan. Während des Gesprächs am letzten Abend sagte er: »Ich denke, Ihr Licht ist kurz davor, durchzubrechen. Sie müssen zu einem besseren Rōshi gehen. Wenn Sie niemand wissen, kann ich Ihnen eine Empfehlung geben.«
Und so traf ich Yamada Kōun Rōshi und bat ihn, seine Schülerin werden zu dürfen.
Einige Monate später entschloß ich mich, an dem Rohatsu-Sesshin in Kamakura teilzunehmen. Ich schrieb Pater Lassalle und schlug ihm vor, mit mir zu kommen. Dieses Sesshin erwies sich für mich als monumentales Erlebnis. Und wenn ich mich recht erinnere, hat Enomiya-Lassalle während dieses Sesshins sein Kōan-Studium beendet.
Während der gesamten Zeit des nunmehr 12jährigen Bestehens des Zen Center in Manila hat Pater Lassalle uns mit seiner Ermutigung, seinen Gebeten, seinen Besuchen und Spenden reichlich beschenkt.
Im Namen aller, denen Sie über die vielen Jahre seelische Kraft und Stärke gegeben haben, sage ich:
Danke, guter alter Freund. Banzai!

ELAINE MACINNES O.L.M., Ordensschwester des kanadischen Missionsordens »Our Lady's Missionaries«, seit 1961 in Japan tätig und dort sofort mit Zazen in Kontakt gekommen. Unter Fukagai Rōshi lebte und studierte sie mit Nonnen der Rinzai-Sekte im Enkoji-Kloster. Enge Verbindung mit Pater Lassalle, dem sie bei den ersten Zen-Sesshins in »Shinmeikutsu« assistierte. Auf Empfehlung von Pater Lassalle ging Schwester Elaine zur intensiven Zen-Schulung zu Yamada Rōshi nach Kamakura. Schwester Elaine und Pater Lassalle erhielten zur gleichen Zeit die offizielle Zen-Lehrerlaubnis durch ihren Meister Yamada. Seit 1976 Leiterin eines eigenen Zen-Zentrums auf den Philippinen »The Zen Center for Oriental Spirituality«. Veröffentlichungen, u. a. »Teaching Zen to Christians«.

KARDINAL FRANZ HENGSBACH,
BISCHOF VON ESSEN

Ein glaubwürdiger Priester

Ich begegnete Pater Enomiya-Lassalle zum ersten Mal im Jahre 1966. Er hat mir damals den Sitz am Boden mit verschränkten Beinen gezeigt. Er sagte auch, daß er regelmäßig an diesen Übungen teilnähme und dadurch nicht nur ein tieferes Verständnis für die Japaner und ihre Kultur bekäme, sondern sich auch in seinem eigenen christlichen Glauben bestärkt fühle. In der Begegnung mit den Buddhisten fände er zudem missionarische Möglichkeiten; es würde ihm mehr Vertrauen entgegengebracht, wenn die Japaner sich auch in ihrer Kultur und Relition ernst genommen fühlten. Mir wurde bewußt, wie tief dieser Missionar aus seinem Auftrag lebte, um mit dem Hl. Paulus sagen zu können: »Allen bin ich alles geworden« (1 Kor. 9,22). Als er mir am Abend dieses Tages sein eben erschienenes 450seitiges Buch »Zen-Buddhismus« überreichte, in dem er aus der Sicht seiner Erfahrung die Schätze der christlichen Mystik im Vergleich zum Zen-Buddhismus ans Licht brachte, wurde mir klar, daß ich einem Missionar großen Formates begegnet war. Wir bemerkten auch eine Gemeinsamkeit, die weit zurückliegt: Wir besuchten – wenn auch nicht gleichzeitig – in Brilon das gleiche Gymnasium.

Der Eindruck der ersten Begegnung in Tokyo hat sich durch 22 Jahre hindurch in weiteren Begegnungen vertieft: Pater Lassalle ist für mich überzeugend als Mensch, als Priester und als Jesuit. Ich kenne Pater Lassalle als einen Priester, der mit dem Altar nahezu verwachsen ist in einer ungewöhnlichen Selbstverständlichkeit, der täglich die Hl. Messe feiert, auch unter schwersten Bedingungen. Es fiele mir nicht schwer, an seiner Person Züge herauszustellen, die ich mir für jeden Priester wünsche. Aber da er selbst wenig über sich spricht, obwohl er als Autor und in seiner Vortragstätigkeit dazu viel Gelegenheit hätte, will ich auch seine Zurückhaltung in den persönlichen Dingen des inneren Lebens respektieren, die ohnedies in großer Deutlichkeit im Zeugnis seines Lebens erkennbar sind. Vielen Menschen in Ost und West hat er einen Weg zum innerlichen Leben erschlossen. Das Ausmaß seines Werkes kennt Gott allein.

FRANZ HENGSBACH, geb. 1910, Dr. theol., Bischof von Essen (»Ruhrbischof«), seit 1988 Kardinal. Bischof Hengsbach besuchte Pater Lassalle erstmals in Japan im Jahre 1966.

HEINRICH DUMOULIN SJ, TOKYO

Im christlich-buddhistischen Dialog

Pater Enomiya-Lassalle zählt zu den Pionieren des christlichen Dialogs mit dem Buddhismus in Japan. Im Frühjahr 1967 trafen sich im evangelischen Akademie-Haus von Oiso unweit von Tokyo je zehn Gläubige von beiden Seiten, auf christlicher Seite sechs Evangelische und vier Katholiken. Die Zen-Buddhisten gehörten teils der Rinzai-Schule und teils der Sōtō-Schule an. Pater Enomiya war wegen seines großen Verständnisses für die Buddha-Religion, insbesondere wegen seiner Erfahrung in der Zen-Meditation für das Gespräch mit den Zen-Buddhisten in besonderer Weise qualifiziert. Wir lebten fast eine Woche zusammen. Die Christen nahmen an der Zen-Meditation teil, die Buddhisten waren zur Eucharistiefeier und zur Schweigemeditation eingeladen. P. Enomiya-Lassalle fühlte sich in dem geistlichen Milieu ausgesprochen wohl, bald war er eine zentrale Persönlichkeit des Kreises, mit dem viele das Einzelgespräch suchten.

Er spürte beim ersten Zusammentreffen mit der Zen-Meditation eine neue, ihm bisher unbekannte Möglichkeit für den Fortschritt in der geistigen Konzentration und Sammlung. Diese Möglichkeit konnte und mußte, so fühlte er, für das christliche Beten höchst bedeutsam sein. So begab er sich auf den Weg der Zen-Übung, mit welch heroischem Einsatz und mit wieviel beharrlicher Geduld konnten seine mit der Zen-Übung vertrauten Zuhörer erahnen. Er erwähnte lediglich den ihm abverlangten Entschluß, sich der Führung des Zen-Meisters zu unterstellen. Inzwischen erlangte er selbst die Bestätigung der authentischen Zen-Erleuchtung, des *satori.* Auf die Frage, »warum Zen so viel Anziehungskraft für die Menschen im Westen, einschließlich Christen« hat, lautet seine Antwort: »Das menschliche Bewußtsein macht gegenwärtig eine Wandlung durch«. »Das Zeitalter des rationalen Denkens hat seinen Höhepunkt erreicht und befindet sich im Niedergang.« Viele »schauen nach einer religiösen Erfahrung aus, die die Gotteserfahrung ist«. »Gott ... läßt sich nicht in Namen und Begriffen ausdrücken.« Wo das Ziel »*satori* oder Gotteserfahrung« ist, da ist »reines Zen«.

HEINRICH DUMOULIN SJ, geb. 1905, Dr. phil., Dr. Litt. (jap. Religionsgeschichte), Dr. theol. h. c., em. Professor der Religionswissenschaft und Philosophiegeschichte an der Sophia Universität in Tokyo. Veröffentlichungen u. a. »Mumonkan. Die Schranke ohne Tor. Meister Wu-men's Sammlung der 48 Koan«, »Geschichte des Zen-Buddhismus«, 2. Bde.

TAKESHI ARAKI, BÜRGERMEISTER VON HIROSHIMA

Hiroshima – seinem Ehrenbürger

Als am 6. August 1945 die erste Atombombe abgeworfen wurde, erlebte Pater Enomiya-Lassalle mit dem Rest der Einwohner Hiroshimas eine Agonie unbeschreiblichen Ausmaßes. Aufgrund dieser Erfahrung setzte er sich sehr entschieden dafür ein, daß die Menschheit nie wieder derart unmenschliche Waffen einsetzen dürfe. Seit jener Zeit hat er ständig zur Abschaffung der Atombomben aufgefordert und hat einen bemerkenswert überragenden Dienst für einen dauerhaften Weltfrieden geleistet.

Seine wichtige Leistung hier in Hiroshima war der Bau der Weltfriedenskirche (Memorial Cathedral for World Peace); diesen Traum konnte er 1954 nach 5 Jahren harter Arbeit in Erfüllung bringen. Es gibt keinerlei Zweifel, daß diese Kathedrale das Resultat Pater Enomiya-Lassalles persönlicher Bemühungen war. Seine ernsthafte und aufrichtige Art, für den Frieden zu bitten, hat die Herzen friedliebender Menschen in der ganzen Welt bewegt. Seine Appelle führten zu Zuwendungen vieler Menschen und zur Vollendung des Projektes. Ich bin davon überzeugt, daß ohne seine aktive Beteiligung die Kathedrale niemals erbaut worden wäre.

Pater Enomiya-Lassalle hat sich dem Wohl der Menschen von Hiroshima gewidmet wie auch in anderer Weise der Menschen in der Welt. Er war unaufhörlich damit beschäftigt, die Erziehung zu beleben, die Kultur zu bereichern und für soziales Wohl zu sorgen; in Anerkennung seiner vielen Leistungen hat die Stadt Hiroshima ihn am 1. April 1968 zu ihrem Ehrenbürger ernannt.

Die Stadt Hiroshima, auf welche die erste Atombombe in der Menschheitsgeschichte fiel, ist entschlossen, eine Wiederholung ihrer Tragödie zu verhindern und unermüdlich an der Verwirklichung eines dauerhaften Weltfriedens weiterzuarbeiten. Ich hoffe aufrichtig, daß die Veröffentlichung der Autobiographie von Pater Enomiya-Lassalle dazu beiträgt, daß das Gebet für den Frieden sich mehr und mehr auf der Welt verbreitet.

TAKESHI ARAKI, Bürgermeister von Hiroshima und langjähriger Freund von Pater Enomiya-Lassalle.

KLAUS RIESENHUBER SJ, TOKYO

Bereit, ständig auf dem Weg zu sein

Meine nähere Bekanntschaft mit Pater Lassalle begann vor etwa 20 Jahren mit meinem ersten Zen-Sesshin in seiner gerade eingeweihten Zen-Halle »Shinmeikutsu« am Rande Tokyos.
Was mich an Pater Lassalle zunächst beeindruckte, ist seine radikale Anspruchslosigkeit – ein schmuckloses Zimmer mit einem großen Kreuz auf dem Tisch, alle paar Monate der stets neue Aufbruch zu Europareisen nur mit einem Lederbeutel mit etwas Wäsche und persönlichen Aufzeichnungen. Dazu kommt der rückhaltlose Einsatz seiner selbst, der doch so unauffällig und selbstverständlich, gleichsam schwerelos erscheint – während der Zen-Sesshins von morgens 4 Uhr bis in die Nacht gemeinsames Üben mit den Teilnehmern; dabei folgten die Sesshins oft ohne einen Tag Pause dicht aufeinander. In dieser völligen Selbstlosigkeit bei aller Aktivität wie in der demütigen Bereitschaft, selbst ständig auf dem Weg zu bleiben, verschmolzen wohl jesuitische Lebenshaltung und Ichlosigkeit des Zen in eins.
Schlicht wie sein Lebensstil ist seine Denkweise: offen für den Anspruch der Wirklichkeit und stets auf das Wesentliche bedacht. In praktischen Fragen fällt sein Urteil zugunsten des konkreten Menschen aus und spricht ihm, mit aller Klugheit und unbefangen vom Buchstaben des Gesetzes, das zu, was ihm in seiner inneren Situation weiterhilft. Dies befähigt Pater Lassalle auch zu einer ehrlichen Herzlichkeit, in der eine unmittelbar menschliche Beziehung des Vertrauens wachsen kann. Denn so fordernd er da sein kann, wo es sich einzusetzen gilt, so warm ist doch seine menschliche Anteilnahme am Schicksal der ihm Anvertrauten.
Die gegenseitige Integration von Zen und christlicher Spiritualität sucht er nicht in der Vermischung ihrer Formen und Themen, sondern läßt sie sich vor aller reflektierten Form im Innersten der Seele vollziehen.
Pater Lassalle hat mir nicht so sehr durch theoretische Belehrung den Weg gewiesen; aber aus dem bloßen Zusammensein mit ihm, in dem ich an seiner inneren Transparenz und lauteren Weite teilhaben konnte, ging ich stets neu gestärkt und gereinigt hervor.

KLAUS RIESENHUBER SJ, geb. 1938, Mag. theol., Dr. phil., und Professor der Philosophie ist Direktor des »Institute of Medieval Thought« an der Sophia-Universität, Tokyo. Zahlreiche Veröffentlichungen, u. a. »Existenzerfahrung und Religion«, »Die Transzendenz der Freiheit zum Guten. Der Wille in der Anthropologie und Metaphysik des Thomas von Aquin«.

ANA MARIA SCHLÜTER, ZEN-LEHRERIN IN BRIHUEGA, SPANIEN

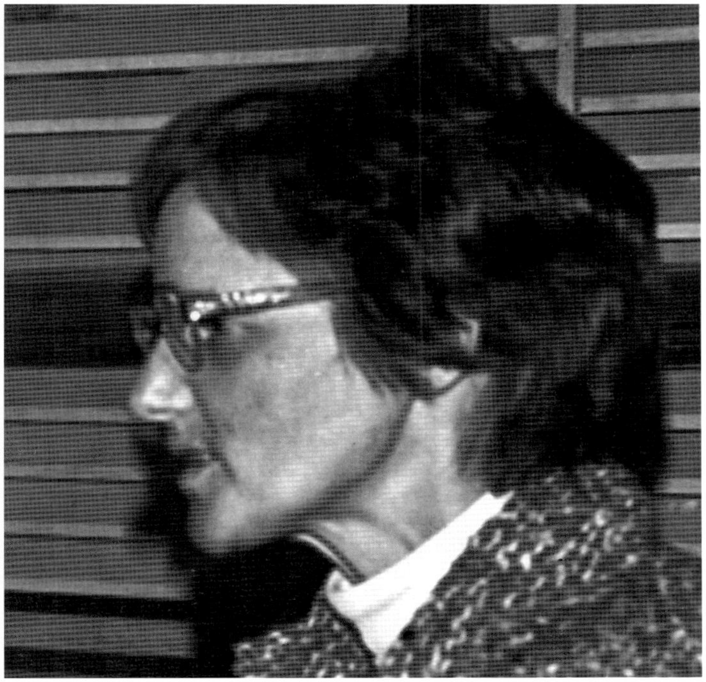

Ein einfacher Mensch

Pater Enomiya-Lassalle ist seit der Karwoche 1976 bis April 1985 regelmäßig in Spanien gewesen und hat hier Sesshins gehalten.
Bei all diesen Gelegenheiten hatte ich die Freude zu übersetzen. Er ist ein durch und durch einfacher und durchsichtiger Mensch. Im Herbst 1981 nach dem Sesshin im Baskenland und anschließendem Besuch in Loyola, dem Elternhaus vom hl. Ignatius, ging es per Flugzeug zurück nach Madrid. Kurz vor der Landung sagte Pater Lassalle, daß er gern einmal das Arbeiterviertel und wo ich da wohnte, sehen würde. Die 81jährige Dame, bei der ich ein Zimmer bewohnte, öffnete und dann wurde etwas gesprochen. Einige Tage später sagte sie zu mir: »Es war, wie wenn ein Licht zur Tür hereinkäme.«
In dem spanischen Klima warmer Menschlichkeit ist es auch dazu gekommen, daß ein kleiner Junge, der 1984 – während ein Sesshin in Los Molinos stattfand – geboren wurde, Pater Lassalles Namen bekam. Der kleine Hugo (siehe die Zeichnung, S. 80) ist der erste Sohn eines jungen Mannes, der zu den ersten gehört, die (wie auch seine Frau) bei mir 1976 in Zen eingeführt wurden und dann regelmäßig an den Sesshins von Pater Lassalle teilnahm und als erster in Spanien bei P. Lassalle Kenshō hatte. Obwohl Pater Lassalle seit April 1985 keine Sesshins mehr in Spanien hält, da im Jahr 1985 ich die Befähigung von Yamada Rōshi hierzu bekam, hatten wir 1986 doch die große Freude, daß es sich so traf, daß er das kurz zuvor erstandene Grundstück bei Brihuega (Guadalajara) einsegnen konnte und die beiden ersten Bäume dort pflanzte. Das war der Anfang des Zen-Zentrums in Spanien. »Zufälligerweise« konnten wir den dritten kleineren Unterteil des Grundstückes gerade am 11. November 1986 erstehen, dem 88. Geburtstag Hugo M. Enomiya-Lassalles.

ANA MARIA SCHLÜTER RODÉS, langjährige Ausbildung zur Zen-Lehrerin unter Yamada Rōshi in Kamakura; häufig als Assistentin bei Zen-Kursen von Pater Lassalle in »Shinmeikutsu« und Spanien tätig gewesen. Leiterin eines Zen-Zentrums »Zendo Betania« in Brihuega/Spanien.

RUBEN L. F. HABITO SJ, TOKYO/JAPAN.

Der Pionier, der den Weg geebnet hat

Schon bevor ich von den Philippinen nach Japan kam, hatte ich den Namen Pater Hugo Enomiya-Lassalle gehört, besonders unter religiösen Menschen in meinem Land, die auf der Suche nach einer echten Spiritualität waren. Was ich über seine pionierhaften Unternehmungen in der Welt des Zen gehört hatte, berührte mich im Inneren und wurde zu einer konkreten Einladung, tiefer zu gehen, über das hinaus, was in der Zeit vor dem II. Vatikanischen Konzil oft als Spiritualität angeboten wurde.

Die späten sechziger Jahre waren für mich eine Suche nach den Quellen der christlichen, biblisch bezeugten Botschaft.

Ich hatte in der Tat das Glück, die Gnade empfangen zu haben, 1970 als Jesuit und Missionar nach Japan geschickt zu werden, und hier hatte ich die Ehre, mit Pater Lassalle in Berührung zu kommen, wie auch mit seinem und meinem Zen-Meister, Yamada Kōun Rōshi. Gerade weil Pater Lassalle schon den Weg für uns Christen bereitet hatte, den Zen-Weg ohne Angst vor der Brandmarkung als »Häretiker« oder »Verräter an der Tradition« gehen zu können, sind viele von uns heute in der Lage, diesem Weg zu folgen.

Ich möchte darüber berichten, wie meine Begegnung mit Zen mein eigenes Verständnis von der Bedeutung, ein Christ zu sein, bereichert hat und was es bedeutet, ein Mensch als solcher zu sein, und wie es Licht auf unsere konkreten historischen Aufgaben in unserer heutigen Welt wirft.

Ich möchte diese Gelegenheit nutzen, meine tief empfundene Dankbarkeit und Verpflichtung gegenüber Pater Lassalle zum Ausdruck zu bringen, der für uns alle den Weg für die Begegnung von Zen und christlicher Spiritualität geebnet hat.

Die Geschichte wird die Einzigartigkeit und Größe unseres geliebten Pioniers und Meisters aufzeigen und bestätigen.

RUBEN L.F. HABITO SJ, geb. 1947 in Cabuyao, Laguna, Philippinen. Studium der Physik und Philosophie in Manila, seit 1978 Lehrer an der Sophia Universität, Tokyo, und dort Professor und stellvertretender Direktor am Institut für östliche Religionen. Seit Anfang der 70er Jahre Zen-Schüler von Yamada Kōun, Kamakura. Veröffentlichungen u. a. »The Theology of Liberation and Japan – Asian Realities and Japanese Tasks«, »The Religious Ethos of Kamakura Buddhism«, »Total Liberation – Zen Spirituality and the Social Dimension«.

JOHANNES KOPP SAC, ZEN-LEHRER IN ESSEN

Realismus nach innen

Zum ersten Mal hörte ich Pater Enomiya-Lassalle in der St. Ignatius-Kirche in Essen. So wie man selbstverständlich das Licht einschaltet und sich auch nicht wundert, daß es hell wird, so war das, was er sagte wie ein Licht, in dem jeder selber sehen und zustimmen konnte, daß es so ist. Seine Worte waren einfach die Erhellung der menschlichen Natur, aber nicht abstrakt und objektivierend, sondern in freundlicher Einladung, es an sich selber geschehen zu lassen. Es war in mildem Licht der Hinweis auf die eigene Möglichkeit. Dieser erste Eindruck hat sich im Laufe der Jahre mit jeder Begegnung vertieft in Gesprächen, auf langen Fahrten und vor allem im Schweigen der Sesshins.

Der Realismus nach innen ist für ihn ein Realismus der Weite. So selbstverständlich wie ein Vater von seiner Familie, spricht er von der Menschheit. Für einen Menschen in Not, wenn er sieht, daß er helfen kann, tut er alles und zu jeder Zeit und ändert auch, um ein persönliches Gespräch zu ermöglichen, seinen Reiseplan. Er sieht den einzelnen Menschen und die ganze Menschheit gleichzeitig. Seine Aufmerksamkeit, sein Forscherdrang ist gerichtet auf die menschliche Natur, die er zu einer unermeßlichen Entfaltung befähigt glaubt und für die er wie ein leidenschaftlicher Sammler die Indizien aufspürt. Alle gegenwärtigen Nöte und drohenden Katastrophen sind in seiner Sicht ein Geburtsschmerz dieses Neuen, dem die Menschheit entgegengeht und von dem er überzeugt ist, daß es die Vorstellungen übersteigt, weil das Neue sich nicht ausreichend in den Begriffen bisheriger Erfahrung darstellen läßt.
Das Leben und Wirken Pater Lassalles bezeugen und weisen uns den Weg: Je weiter nach außen umso tiefer nach innen.

JOHANNES KOPP SAC, geb. 1927, nach Ausbildung zum Schauspieler in Stuttgart, Eintritt in den Pallottinerorden. Seit 1969 im Bistum Essen in verschiedenen seelsorgerischen und religionspädagogischen Bereichen tätig. Seit 1972 intensive Übung des Zazen und wiederholt lange Aufenthalte im Zen-Zentrum »Shinmeikutsu« von Pater Lassalle und bei Zen-Meister Yamada Kōun in Kamakura. Seit 1985 offiziell anerkannter Zen-Lehrer.

WALTRAUD HERBSTRITH OCD,
KARMEL TÜBINGEN

Keine leichte Kost

Das 2. Vatikanische Konzil (1962–1965) hat uns darauf hingewiesen, daß auch nicht-christliche Religionen Heilsreligionen sind und daß das Gespräch zwischen Christen und Nicht-Christen tiefer und lernbereiter vor sich gehen müsse als bisher. Eine der Gestalten dieser Wende ist ohne Zweifel Pater Hugo Enomiya-Lassalle. Ich lernte Pater Lassalle 1974 auf einem Kurs kennen. Es war mir klar, daß er in seinen Schweigeübungen und Vorträgen etwas anstrebt, was wir im teresianischen Karmel nach Johannes vom Kreuz und Teresa von Avila innere Versenkung oder schweigendes Beten nennen. Wer bei Lassalle meditiert in der strengen Form des Zazen, erfährt sich in der eigenen Wegsuche und Gotteserfahrung bestätigt. Die im Schweigen sich vollziehende Zazen-Übung entfernt den Übenden nicht von seinem Christsein, führt ihn eher tiefer hinein, denn solange wir leben, können wir wachsen. Lassalle integriert in einzigartiger Weise Christsein und Zen. Die tägliche Feier der Eucharistie in seinen Kursen wird nicht als Fremdkörper empfunden, sondern ist für den Priester Lassalle das Geheimnis seiner Fruchtbarkeit. Finden Kurse Lassalles in einer Abtei statt, z. B. in Maria Laach, ist es für ihn ganz selbstverständlich, die Meditierenden auf das Chorgebet der Mönche hinzuweisen. Der Bodensitz, der im Zen eingenommen wird, ist nicht nur asiatisches Erbe, auch in Europa ist er in der Form des Fersensitzes in kontemplativen Klöstern (Klarissen, Karmel) bis heute bekannt.

Wer bei Lassalle an einem Kurs teilgenommen hat, weiß, daß diese Form der Meditation keine Spielerei ist, nichts Modisches, sondern hartes Brot, das nur der erträgt, dem es wirklich um Befreiung geht von seinem vordergründigen Ich, um wahre Selbstlosigkeit.

WALTRAUD HERBSTRITH (Teresia a Matre Dei OCD), 1953 Eintritt in den Kölner Karmel, 1978 Mitbegründerin des Edith-Stein-Karmels in Tübingen; zahlreiche Veröffentlichungen über bedeutende Mystiker, speziell über Teresa von Avila. Namhafte Edith-Stein-Forscherin und Herausgeberin herausragender Edith-Stein-Bücher sowie anderer Werke über christliche Mystik.

NIKLAUS BRANTSCHEN SJ, ZÜRICH/SCHWEIZ

Beheimatet in zwei Welten

Jede Begegnung mit Dir ist ein Geschenk. Erinnerst Du Dich an unsere erste Begegnung in St. Augustin bei Bonn? Beeindruckt von Deiner asketischen Gestalt wollte ich etwas Entsprechendes ins Gespräch bringen und sagte Dir, ich sei dabei, das Rauchen aufzugeben. Deine Antwort war, Rauchen schaffe Kontakt, wenn man zum Beispiel Feuer reiche oder sich reichen lasse. Und nach einer Pause meintest Du mit Deinem unverwechselbaren Schalk in den Augen, ich würde staunen, wie viele neue Kontaktmöglichkeiten es gebe, wenn ich erst einmal nicht mehr auf das Rauchen angewiesen sein würde.

Im Herbst und Winter 1976/77 durfte ich unter Deiner Führung die abschließende spirituelle Ausbildungsphase eines Jesuiten, genannt »Terziat«, absolvieren. In diesen Monaten in Shinmeikutsu habe ich Dich als Jesuiten der alten Schule kennengelernt mit dem Besten, was diese Schule zu bieten vermochte.
Gegen Ende des Terziats hast Du mich an Yamada Rōshi verwiesen mit dem Hinweis, im Zen könne der mir mehr helfen. (Wie viele Menschen hast Du an ihn weiter verwiesen! Ob Dir das nicht manchmal wehgetan hat? Aber darüber wirst Du wohl kaum sprechen.) Wie ich dann unter der Führung Yamada Rōshis zu einer gewissen Erfahrung kam und Dir davon berichtete, strahltest Du sichtlich vor Freude. Jetzt könne es richtig losgehen, sagtest Du.
In Dir finde ich vereint, was in den Köpfen und Herzen vieler getrennt ist oder nebeneinander steht: Die Verkörperung der christlichen Spiritualität und der in jahrzehntelanger Übung gewonnenen Geisteshaltung des Zen. Du bist beheimatet in zwei Welten, geographisch und spirituell, und verbindest beide in einem unaufhörlichen Dialog. Wobei es Dein Charisma ist, diesen Dialog nicht nur in Worten zu führen, sondern vielmehr noch durch die Art und Weise, wie Du lebst, den Menschen begegnest und sie auf dem Weg begleitest. So etwa, wenn Du noch vor meinem ersten Japan-Aufenthalt mir auf die Frage, ob man sich denn vor einem Buddha-Altar verneigen solle, schmunzelnd geantwortet hast: ja schon, aber nicht ganz so tief. Vor Dir als meinem väterlichen Freund, Mitbruder und Vorbild verneige ich mich ganz tief in Dankbarkeit!

NIKLAUS BRANTSCHEN SJ, geb. 1937, langjähriger Direktor des Bildungshauses Bad Schönbrunn bei Zug/Schweiz. Zen-Lehrer, Studentenseelsorger.

Buchveröffentlichungen in Deutscher Sprache

Seit 1948 erschienen über 100 Veröffentlichungen von H. M. Enomiya-Lassalle in Japanisch, Deutsch, Englisch, Französisch, Italienisch, Spanisch, Holländisch, Schwedisch und Koreanisch.
Diese Bibliographie berücksichtigt nur die lieferbaren deutschen Buchveröffentlichungen von H. M. Enomiya-Lassalle.

- Zen-Weg zur Erleuchtung, Wien/Freiburg 1960, ^{7}1987
- Zen und christliche Mystik, Freiburg 1986 (revidierte 4. Neuauflage des ursprünglichen Buchtitels: Zen-Buddhismus, Köln 1966)
- Zen-Meditation für Christen, Weilheim 1968, ^{4}1976
- Kraft aus dem Schweigen – Einübung in die Zen-Meditation, Freiburg 1988 (Ursprünglich: Zen-Meditation – eine Einführung, Zürich/Einsiedeln/Köln 1975)
- Meditation als Weg zur Gotteserfahrung, Mainz 1972, ^{4}1980
- Am Morgen einer besseren Welt, Freiburg 1984 (Ursprünglich: Wohin geht der Mensch, Zürich/Einsiedeln/Köln 1981)
- Kurz-Information über Zen, Aschaffenburg ^{3}1987
- Leben im neuen Bewußtsein, München 1986, ^{2}1986
- Zen-Unterweisung, München 1987, ^{2}1987
- Zen und christliche Spiritualität, München 1987

Tabellarischer Lebenslauf

11. November 1898	Hugo Lassalle in Externbrock bei Nieheim, Kreis Höxter/Westf. als zweitältestes von 5 Kindern des Gutspächters und späteren Amtsrichters Georg Lassalle und seiner Frau Elisabeth, geb. Feldmann, geboren.
1899	Vater Georg beginnt an der Universität Göttingen ein Jura-Studium, weil der Bauernhof in Externbrock nicht genug für den Lebensunterhalt erwirtschaftet. Für einige Monate wohnen die Eltern Lassalle mit ihren zwei Söhnen Bernard und Hugo in Himmelsthür bei Hildesheim.
1900	Geburt des Bruders Hans in Himmelsthür, der 3. Sohn der Eltern Lassalle.
1901	Wohnung in Göttingen. Geburt des 4. Kindes der Eltern, der Schwester Maria.
1905	Umzug zurück nach Hildesheim.
Ostern 1905–1908	Besuch der Volksschule in Hildesheim.
1908–1909	Besuch der Mittelschule in Hildesheim.
1909–1911	Besuch des bischöflichen Gymnasiums »Josephinum« in Hildesheim .
1911	Umzug nach Brilon, wo der Vater, Georg Lassalle, zum Amtsrichter bestellt wird.
1911–1916	Besuch des Gymnasiums »Petrinum« in Brilon bis zur Unterprima.
23. November 1916	Einberufung zum Heeresdienst; Eintritt in das Ersatz-Bataillon des ersten Garde Regimentes in Eiche bei Potsdam.
28. März 1917	Mit dem Infanterie-Regiment 442, Zorsen b. Berlin: Einzug ins Feld.
Sommer/Herbst 1917	Stationierung an verschiedenen Stellen in Frankreich; in erster Linie in der Nähe von Reims.
8. Oktober 1917	Ernennung zum Gefreiten
26. Oktober 1917	Verwundung in Frankreich; Auszeichnung mit dem Eisernen Kreuz
Ende 1917/Anfang 1918	Nach mehreren Lazarettaufenthalten Zuweisung zu einer fahrenden Truppe und Ausbildung mit Pferden. Gegen Ende des Krieges Erkrankung an Gelenkrheumatismus und erneut längerer Krankenhausaufenthalt.

3. Februar 1918	Gesuch des Gefreiten Hugo Lassalle um Zulassung zur Kriegsreifeprüfung im Februar 1988 in Brilon.
23. Februar 1918	Reifeprüfung am Gymnasium »Petrinum« in Brilon. Thema des Abituraufsatzes: »Welche Kampfmittel machen den Krieg besonders furchtbar?«
25. April 1919	Eintritt in die Niederdeutsche Provinz des Jesuitenordens in s'Heerenberg/Holland
1919–1920	2-jähriges Noviziat in s'Heerenberg
1921–1922	2-jähriges Philosophiestudium am Ignatiuskolleg in Valkenburg/Holland
1923	1-jähriges Philosophiestudium in Stonyhurst/England.
1924–1925	2-jähriges Theologiestudium in Valkenburg
1926–1929	Theologiestudium mit Abschluß am Heythrop-College bei Oxford/England.
28. August 1927	Priesterweihe unter Anwesenheit der Eltern in Valkenburg.
1928–1929	Tertiat, das 3. Probejahr, in Amiens/Frankreich. Hier intensives Studium der Schriften des Hl. Johannes vom Kreuz und der Hl. Teresa von Avila.
1929	Entgegen seinem Wunsch, in die Afrikamission in eine Leprastation zu gehen, erhält Pater Lassalle den Ruf für die Mission in Japan. Der Wunsch bleibt unverändert: im Armenviertel wohnen und nach englischem Vorbild ein »Settlement« aufbauen.
3. Oktober 1929	Ankunft in Japan
1929–1938	Leben und Wirken in Tokyo. Lehrer für die deutsche Sprache an der Sophia-Universität des Jesuitenordens.
1931	Mit seinen Studenten engagiert sich Pater Lassalle in der Sozialarbeit in den Slums von Tokyo und gründet das Sozialprojekt »Jochi-Settlement«.
1931	Weihnachtsfest im Elendsviertel von Mikawashima
1932	Bau eines Kinderheims
1933	Ausbau des Jochi-Settlements
16. Dezember 1934	Einweihung des neuen Armenheims in Mikawashima unter Anwesenheit des deutschen Botschafters.
1935–1949	Superior der Jesuiten-Mission in Japan
23. November 1937	Pater Lassalle tritt eine Reise nach Europa und Nordamerika an.
1938	Besuch der Generalkongregation des Jesuitenordens in Rom, anschließend Reisen für die japanische Mission durch Deutschland, England, Kanada und die USA.
6. Dezember 1938	Pater Lassalle kehrt von seiner einjährigen Reise nach Japan zurück.
1939	Umzug von Tokyo nach Nagatsuka bei Hiroshima. Als Novizenmeister des Ordens tätig.
1940	Wohnsitz in Hiroshima 1940–1959 Vicarius Delegatus des Apostolischen Vikars. Zwischendurch und anschließend bis 1962 in Hiroshima als Pfarrer tätig, Leitung missionarischer Arbeit und Lehrauftrag für die deutsche Sprache am Höheren Lehrerseminar und an der Kadettenschule.
Februar 1943	Erstes Zen-Sesshin im Eimeiji-Tempel in Tsuwano in der Provinz Shimane. (Mit dem Sitzen im Stil des Zen hat Pater Lassalle bereits während des Studiums in Holland begonnen. Bei Ankunft in Japan im Jahre 1929 schon Kontaktaufnahme mit der Zen-Sekte »Sōtō«. Erste engere

	Bekanntschaften mit Zen-Meistern, u. a. mit Genshū Watanabe)
6. August 1945	Abwurf der Atombombe auf Hiroshima. Pater Lassalle wird verwundet und bleibt strahlengeschädigt; er hat den Abwurf in unmittelbarer Nähe, (1200 m), miterlebt.
1946–1947	Zweite Reise zur Generalkongregation des Jesuitenordens nach Rom. Privataudienz bei Papst Pius XII. und Unterbreitung der Pläne für den Bau der Weltfriedenskirche in Hiroshima, die vom Papst mit Begeisterung aufgenommen werden. Anschließend Vortragsreisen durch Deutschland, Frankreich, die Schweiz, Spanien, Südamerika und die USA. Pater Lassalle wirbt um das Verständnis für Japan, sammelt Geld für den Bau der Friedenskirche.
1948	Gründung einer Arbeitsgemeinschaft mit Zen-Bonzen
25. August 1948	Unter dem Namen Makibi Enomiya Erwerb der japanischen Staatsbürgerschaft.
1950–1978	Professor für Religionswissenschaften an der Musikhochschule »Elisabeth« in Hiroshima.
6. August 1950	Grundsteinlegung für die Weltfriedenskirche in Hiroshima
19. April 1952	Pilgerfahrt zur 700-Jahrfeier des berühmten Zen-Meisters Dōgen (1200–1253) zum Eiheiji-Tempel
6. August 1954	Einweihung der Weltfriedenskirche von Hiroshima
1956	Regelmäßige Zen-Sesshins und Zen-Unterweisung bei Zen-Meister Daiun Sōgaku Harada (1870–1961), Abt des Klosters Hosshin-ji in Obama. Hosshin-ji wurde unter der strengen Führung von Harada Rōshi zu einer Hochburg echter Zen-Schulung in einem an wahren Zen-Meistern nicht mehr reichen modernen Japan.
August 1957	Gemeinsamer Besuch mit S.E. Kardinal Frings bei Zen-Meister Genshū Watanabe im Tempel von Tsurumi
17. Dezember 1960	Der Bischof von Hiroshima weiht in der Nähe der Stadt ein kleines von Pater Lassalle unter dem Namen »Shinmeikutsu« errichtetes Zen-Zentrum ein.
1962	Pater Lassalle begleitet den Bischof von Hiroshima zum II. Vatikanischen Konzil nach Rom. Beanstandung des Buches »Zen Weg zur Erleuchtung« und Verteidigung des Buches gegen die Ankläger.
1962	Besuch bei den Mönchen auf dem Athos
Juni 1963	Besuch des Ortes Mabi-cho im Kibigun, der Heimat von Kibi Makibi
Mai 1967	Teilnahme an der Ost-West-Tagung »Arzt und Seelsorger« auf Schloß Elmau/Bayern. Auf dieser Tagung sprachen u. a. auch Karlfried Graf Dürckheim und Professor J. H. Schultz, der Erfinder des autogenen Trainings und H. M. Enomiya-Lassalle. Seit dieser Tagung hat die Entwicklung der Zen-Kurse in Europa ihren Lauf genommen.
1. April 1968	Ernennung zum Ehrenbürger der Stadt Hiroshima.
14. August bis 17. Oktober 1968	Die ersten 12 Zen-Kurse in Deutschland in diversen Benediktinerklöstern und Meditationshäusern. Innerhalb weniger Wochen hat Pater Lassalle 980 Teilnehmer an seinen Kursen zählen dürfen.
Dezember 1968	Konferenz von asiatischen Mönchsführern in Bangkok/Thailand. Pater Lassalle war Teilnehmer dieser Zusammenkunft von Benediktinern und Zisterziensern aus dem asiati-

	schen Raum, wo der berühmte Trappistenmönch Thomas Merton am 10. Dezember wenige Stunden nach seinem Vortrag »Marxismus und Perspektiven des Mönchtums« in seinem Hotelzimmer durch einen tragischen Unglücksfall ums Leben kam.
1968	Buchveröffentlichung »Zen Meditation für Christen«
1968	Enomiya-Lassalle wohnt wieder in Tokyo. Er wird Mitglied des neu gegründeten »Institute of Oriental Religions« der Sophia Universität des Jesuitenordens.
19. Dezember 1969	Der Erzbischof von Tokyo weiht das von Enomiya-Lassalle erbaute Zen-Zentrum »Akikawa-Shinmeikutsu« (die Höhle des göttlichen Dunkels) in Hinohara-Mura am Rande von Tokyo ein, in einem verschwiegenen Naturschutzgebiet, das auf drei Seiten vom Herbstfluß, einem Wildbach, umflossen wird. Die »Höhle des göttlichen Dunkels« ist das erste christliche Zen-Meditationszentrum in Japan.
Seit 1969	Enomiya-Lassalle hält regelmäßig Zen-Kurse in Europa und Japan ab im Wechsel mit Reisen zu den Zentren des Buddhismus und anderer Religionen in Korea, Indien, Thailand und den USA. Zwischen 1974 und 1977 hielt er auch Kurse in Vietnam, auf den Philippinen, in Hong Kong, auf Taiwan und in Pakistan.
1972	Buchveröffentlichung: »Meditation als Weg zur Gotteserfahrung«
1973	Verleihung der Ehrendoktorwürde der Johann Gutenberg Universität Mainz
1975	Buchveröffentlichung: »Zen Meditation – eine Einführung«
27. Dezember 1977	Nach der Einweihung durch den Bischof von Eichstätt eröffnet Pater Enomiya-Lassalle die neue Zen-Halle im Franziskanerkloster Dietfurt a. d. Altmühl mit einem Zen-Sesshin.
1978	Offizielle Anerkennung als Zen-Meister durch Yamada Kōun Rōshi, Kamakura.
11. November 1978	80. Geburtstag. Aus diesem Anlaß Herausgabe (G. Stachel) einer bedeutenden Festschrift unter dem Titel »Munen muso – Ungegenständliche Meditation«, zu der Wegbegleiter und Freunde Pater Lassalle's ihre Beiträge geleistet haben.
1980	Intensive Beschäftigung mit dem neuen Bewußtsein und dem Erfahrungsbereich der vierten Dimension.
1981	Veröffentlichung des Buches »Wohin geht der Mensch?«, als Taschenbuch unter dem Titel »Am Morgen einer besseren Welt« erhältlich.
1981–1988	Regelmäßig zwischen 28 und 33 Zen-Sesshins jährlich in Europa und Asien sowie zahlreiche Vortragsreisen und Teilnahme an diversen Konferenzen. Am Gedenktag von Hiroshima, am 6. August eines jeden Jahres, ist Pater Lassalle stets unter den Ehrengästen.
1983	Davos/Schweiz: Teilnahme am Weltkongreß der Transpersonalen Psychologie
1986	Erscheinung des Buches »Leben in neuem Bewußtsein«
11. November 1986	Feier des in Japan hochgeschätzten 88. Geburtstags in Dietfurt/Altmühl.
1987	Erscheinung der Bücher »Zen-Unterweisung« und »Zen und christliche Spiritualität«.
21.–27. Mai 1988	Hannover: Teilnahme am Kongress »Geist + Natur«
11. November 1988	90. Geburtstagsfeier.

Meditationshäuser mit Zen und ungegenständlicher Meditation

Offizielle Adresse von Pater Enomiya-Lassalle:
Sophia-University
S.J. House
7 Kioicho Chiyoda-Ku
102 Tokyo/Japan

und:

Meditationshaus St. Franziskus
Klostergasse 8
D-8435 Dietfurt / Altmühltal

Meditationszentum – Haus St. Benedikt
Pater Willigis O. S. B. (Zen-Lehrer)
St. Benediktstr. 3
D-8700 Würzburg

Pater Johannes Kopp S. A. C. (Zen-Lehrer)
Bistum Essen
Dezernat für pastorale Dienste, Abt. VII
Burgplatz 3
D-4300 Essen

Pastorin Gundula Meyer (Zen-Lehrerin)
Am Dorfanger 2
D-3176 Meinersen/Ohof

Domicilium (Zen-Kurse)
Stätte der Begegnung und der Stille
Holzkirchner Str. 3
D-8153 Weyarn

Neumühle
Ökumenisches Zentrum für Meditation und Begegnung
D-6642 Mettlach-Tünsdorf/Saar

Christliche Meditationsstätte
Sonnenhaus Beuron – Dritte Welt
D-7792 Beuron/Donautal

Pater O. Beda Müller O. S. B.
Benediktinerabtei
D-7086 Neresheim

Christliches Zen-Zentrum Eintürnen
Detlef Witt
D-7954 Bad Wurzach 1

Loccumer Arbeitskreis für Meditation
Pastor Heinz Behnken
Evangelische Akademie Loccum
D-3056 Rehburg-Loccum

Exerzitien- und Bildungshaus der Pallottinerinnen
Kloster Marienborn
Weilburger Str. 5
D-6250 Limburg/Lahn

Benediktiner Abtei Maria Laach
D-5471 Maria Laach

Existentialpsychologische Begegnungs- und Bildungsstätte Rütte
Prof. Dr. Karlfried Graf Dürckheim
Graf Dürckheim Weg 12a
D-7865 Todtmoos-Rütte

Dr. Anton und Maria-Luise Stangl
Am Eichenhain
D-6121 Rothenberg/Odenwald

Benediktiner Missionare
Benediktstr. 19
D-2845 Damme

Evangelische Akademie Hofgeismar
Schlößchen Schönburg
D-3520 Hofgeismar

Benediktshof
Christliche Meditations- und Begegnungsstätte
und Schule für Initiatisches Leben
Mauritz-Lindenweg 61a
D-4400 Münster

Karl Obermeyer
Pfarre St. Josef
Pamperstorffergasse 65
A-1050 Wien

Haus der Stille
Kloster Rosental, St. Ulrich a.W.
A-8081 Heiligenkreuz a. Waasen

Bildungshaus Bad Schönbrunn
CH-6311 Edlibach ZG / Schweiz

Kapuzinerinnen
Herrenweg 2
CH-4500 Solothurn

»De Tiltenberg«
International Grailcentre
Zilkerduinweg 375
NL-2114 Am Vogelenzang

Quellennachweis

2 Frontispiz: Foto Dr. Ernst Stürmer, Wien. Portrait mit japanischem und deutschem Autogramm von H. M. Enomiya-Lassalle.

7 Titelbild: Foto von R. Seitz, München, Ein Tor zum Zen-Garten.

8 Foto von R. Ropers, Unterwegs zwischen Japan und Europa.

11 Titelbild: Abschluß des sog. Dritten Probejahrs in Frankreich, 21. Juni 1929; Archivum Provintiae Campaniae Societatis Jesu.

12 Familie des Großvaters Franz Bernhard Lassalle, zweiter von links; vorn mit Hund Georg Lassalle, Vater von Hugo Lassalle; Familienarchiv © by Lutz Engelhard, Hildesheim.

13 Die Eltern von Hugo Lassalle: Georg Lassalle und Elisabeth, geb. Feltmann; wie S. 12.

15 Die Familie, von links nach rechts: Mutter Elisabeth mit Tochter Maria, Hans, Hugo, Vater Georg, Bernhard Lassalle; im Wagen Vetter Willi Engelhardt; wie S. 12.

16 Text und Faksimile des Gesuchs um Zulassung zur Kriegsreifeprüfung und Abituraufsatz aus dem Jahr 1918; Archiv des Gymnasium Petrinum zu Brilon.

19 Nach der Priesterweihe am 28. August 1927 in Valkenburg, Holland; Archiv der Deutschen Jesuitenmission in Japan, Köln.

21 Titelbild: Slum im Armenviertel in Tokyo; Enomiya-Lassalle-Archiv, Dietfurt.

22 Aus: Katholische Mission, 1935, S. 206–208.

24 Nacherzählt nach Fr. Hans Hellweg SJ, in: Aus dem Lande der aufgehenden Sonne, Briefe und Nachrichten deutscher Jesuitenmissionare aus Japan, Nr. 15/Juli 1932, S. 88–91.

25 Besuch des Erzbischofs Chambon im Settlement; Foto: wie S. 21.

28 Im Jochi Settlement – Registrierung der Notfälle durch einen japanischen Jesuitenbruder, Masui; Foto: wie S. 21.

29 Aus: Aus dem Lande, Nr. 16/Dezember 1932 und Nr. 18/September 1933.

31 Aus: Aus dem Lande, Nr. 18/September 1933 und Katholische Mission, 1935, S. 208–210.

32 1935 gebautes Haus Jochi Settlement; Foto: wie S. 21.

33 Aus: Aus dem Lande, Nr. 28/1936, S. 381–383. Foto wie S. 21: Arbeitende Mutter im Elendsviertel in Tokyo.

35 Nacherzählt nach Alois Michel SJ, in: Aus dem Lande, Nr. 35/Ostern 1939.

36 Primiz von Pater Ernst Gossens, Begründer der Musikhochschule in Hiroshima, mit Pater Lassalle und Pater Cieslik, 1941; Foto: wie S. 21.

38 Foto von E. Stürmer: Japanische Frauen im Fersensitz.

39 Foto von R. Seitz: Der Weg in der Dunkelheit.

40 Aus: Katholische Mission, 1935, S. 210.

41 Foto von E. Stürmer: Aufruf zum Zazen in einem Zen-Kloster.

42 Text: Manuskript, Enomiya-Lassalle-Archiv, München.
Foto aus der 1. Auflage von »Zen – Weg zur Erleuchtung«: Zen-Meister Watanabe Genshu, Yokohama.

43 Text wie S. 42. Foto: wie S. 21.

44 Text wie S. 42.

45 H. M. Enomiya-Lassalle im Zen-Kloster; Foto: S. 21.

47 Text wie S. 42.

48 Mitglieder der »Vereinigung zur Hebung des religiösen Gedankens« in Hiroshima; Foto: wie S. 21.

50 Text wie S. 42; zweite Spalte und folgende Seiten, aus: Aus dem Lande der aufgehenden Sonne, Nr. 40 und 41/1957.

52/53 Foto von E. Stürmer: Hosshinji-Tempel in Obama, Wirkungsort des Zen-Meisters Harada; für Enomiya-Lassalle ein Ort der Überbrückung zwischen der christlichen Mystik und Zen-Erfahrung.

56 Foto von E. Stürmer: Stockschläge im Zen-Kloster.

57 Foto von E. Stürmer: Die einfache Arbeit ist Bestandteil der täglichen Zen-Übung.
Textauswahl aus: Zen und japanische Kultur. Mit Anmerkungen von H. Shiyama, Sansyusya Verlag, Ohne Orts- und Jahresangabe.

58 Fotos von E. Stürmer: Kendō – Weg des Fechtens und Judō – Weg des Ringens.

59 Fotos von E. Stürmer: Kadō – Weg der Blumen und Kendō – Weg des Tees.

61 Foto von E. Stürmer: Enomiya-Lassalle als Professor in der Musikhochschule in Hiroshima beim Vortrag.

63 Titelbild: Foto von E. Stürmer.

64 Eine Postkarte mit der Erinnerung an die Flucht aus der brennenden und atomverseuchten Stadt Hiroshima: Pater Lassalle auf einer (fahrbaren) Bahre nach der Verwundung; Original: wie S. 21.

66 Die berühmte Blechhütte, in die Pater Lassalle und Pater Cieslik nach der Vernichtung der Missionsstation eingezogen sind; Foto: wie S.21.

67 1937 gebautes Pfarrhaus – und nach der Bombe; Fotos: wie S. 21.
Text aus: Aus dem Lande Nr. 61/Pfingsten 1964; Nr. 69/Neujahr 1967.

68 Nacherzählt nach Peter T. Ito, in: Aus dem Lande, Nr. 74/Herbst 1968.

69 Japanisches Original der Ehrenbürgerurkunde und Foto zu deren Übergabe in Hiroshima: beide wie S. 21.
Text nacherzählt nach Hubert Cieslik SJ, in: Aus dem Lande, Nr. 128/Herbst 1986.

70 Der Eingang zur Mission nach der Atombombe; Foto: wie S. 21.

71 Jesuitenmissionare mit Msgr A. Ogihara SJ, dem Apostolischen Administrator in Hiroshima, 1949; Foto: wie S. 21.

72 Bauplan der Weltfriedenskirche; Informationsbroschüre: wie S. 21.

74 Gesamtsicht der Kathedrale und ihre Plazierung in der Stadt Hiroshima; Fotos: wie S. 21.

75 Innenraum mit dem Hauptaltar und die Einweihung der Weltfriedenskirche in Hiroshima, Fotos: wie S. 21.

76 Aus: Aus dem Lande, Nr. 107/Herbst 1979.

78 Auszüge aus einem nicht veröffentlichten Interview von Petra Marcotty vom 4. Oktober 1986: wie S. 42.

79 Pater Enomiya-Lassalle bei alljährichem Gottesdienst zum Gedenken der Opfer der Atombombe in Hiroshima; Foto: wie S. 21.

80 Ein Sohn eines bei Enomiya-Lassalle meditierenden spanischen Künstlers, der als erster Spanier die Bestätigung der Erleuchtung von Pater Lassalle bekam und seinem Sohn den Namen Hugo gab; Vorlage: wie S. 42.

81 Foto von E. Stürmer: Die Überzeugungsarbeit für den Frieden.

83 Titelbild: Foto von P. Kammann, Frankfurt: Christliche Zen-Halle in Dietfurt.

84 Zen-Meister Harada Daiun Sōgaku (1870–1961); Foto: S. 42.

85 Texte: wie S. 42; Übersetzung von B. Snela und R. Ropers, Originale: wie S. 42.

89 Enomiya-Lassalle bei Meditation in seinem ersten Zen-Zentrum bei Hiroshima; Foto: S. 21.

91 Text-Manuskript und Original des in Neugriechisch verfaßten Passierscheins: wie S. 42.

94 Nacherzählt nach B. B. (Bruno Bitter SJ), in: Aus dem Lande, Nr. 76/Pfingsten 1969.

95 Foto von E. Stürmer: Enomiya-Lassalle beim Vortrag.

96 Aus: Aus dem Lande, Nr. 79/Mai 1970; z. T. nacherzählt nach Bruno Bitter SJ, in: ebd., Nr. 87/Neujahr 1973.

99 Enomiya-Lassalle mit einem befreundeten Zen-Meister bei dem Stein im Zen-Zentrum in Hiroshima »Sinmeikutsu« (siehe Inschrift auf dem Stein); Foto: wie S. 21.
Text aus: Aus dem Lande, Nr. 102/Neujahr 1978.

100 Die Teilnehmer des einmonatigen Zen-Kurses in »Shinmeikutsu«; Foto: wie S. 21.

101 Foto von E. Stürmer: Im Gespräch mit einem Journalisten bei der Eröffnung von »Shinmeikutsu«.

102 Das Original der Ehrendoktorurkunde: wie Nr. 21.

103 Foto von E. Stürmer: Eucharistie während des Zen-Sesshins.

104 Text-Manuskript: wie S. 46.

106 Foto von E. Stürmer: Ein erleuchteter Freund Lassalles aus Kyoto.

107 Aus: Aus dem Lande, Nr. 95/Herbst 1975.

109 Enomiya-Lassalle im Lotus-Sitz und im Gespräch mit vietnamesischen Freunden; Fotos: wie S. 21.

110 Teile aus NDR-Sendung 1985. Foto: wie S. 21.

111 Teile aus NDR-Sendung 1985 und Londoner Tablet 1986: wie S. 46.

112 Foto: wie S. 21.

113 Teile aus: Esotera 11/1987, 30–35, © zum Kōan Mu by Yamada Rōshi, Kamakura.

115 Foto von R. Seitz: Ein Stein am Weg im Zen-Garten.

116 Traditionelle Messe für die Japaner in der Weltfriedenskirche in Hiroshima; Foto: wie S. 21.

117 Eucharistie während des Zazen im Zen-Zentrum bei Hiroshima; Foto: wie S. 21.

118 Foto zur Zen-Meditation: wie S. 21.

119 Foto von R. Seitz: Die Brücke im Zen-Garten.

120–137 Fotos: wie S. 42.

126 Foto von E. Stürmer: Bede Griffiths in seinem Ashram.
Rückseite des Umschlags – Fotos: wie S. 21.